mentor Abiturhilfe

Biologie
Oberstufe

Zellbiologie
Struktur und Dynamik der Zelle, Immunbiologie

Reiner Kleinert
Wolfgang Ruppert
Franz X. Stratil

Mit ausführlichem Lösungsteil

Die Autoren:

Reiner Kleinert, Oberstudienrat für Biologie
Wolfgang Ruppert, Studienrat für Biologie
Franz X. Stratil, Oberstudienrat für Biologie

Illustrationen:
Udo Kipper, Hanau

Layout:
Sabine Nasko, München

© 2006 mentor Verlag GmbH, München

Das Werk und seine Teile sind urheberrechtlich geschützt. Jede Verwertung in anderen als den gesetzlich zugelassenen Fällen bedarf deshalb der vorherigen schriftlichen Einwilligung des Verlages.

Der Text dieses Bandes entspricht der seit dem 1.8.2006 verbindlichen Rechtschreibung.

Umwelthinweis: Gedruckt auf chlorfrei gebleichtem Papier.

Druck: Mercedes-Druck, Berlin
Printed in Germany
www.mentor.de

ISBN: 978-3-580-65690-4

Inhalt

Vorwort 7

A Die Struktur der Zelle 9
  1. Die Entwicklung der Zytologie und die Zelle als kleinste Einheit des Organismus 9
  2. Das lichtmikroskopische Bild der Zelle 11
    2.1 Die Grundstruktur der Zelle 11
    2.2 Pflanzen- und Tierzelle im Vergleich 13
    2.3 Der Aspekt der Dreidimensionalität 15
  3. Das elektronenmikroskopische Bild der Zelle 16
    3.1 Pflanzliche und tierische Zellen 17
    3.2 Bau und Funktion der Zellorganellen 18
      3.2.1 Zellkern 18
      3.2.2 Mitochondrien 19
      3.2.3 Plastiden 19
      3.2.4 Endoplasmatisches Retikulum (ER) 20
      3.2.5 Ribosomen 21
      3.2.6 Dictyosomen/GOLGI-Apparat 21
      3.2.7 Lysosomen 22
      3.2.8 Mikrotubuli/Centriolen 24
      3.2.9 Zellskelett 25
    3.3 Die Größe von Zellen 28
    3.4 Der Struktur-Funktions-Aspekt 29
    3.5 Zusammenfassung 33
  4. Prokaryoten – Eukaryoten 34

B Die Dynamik der Zelle 36
  1. Der Zellzyklus 36
    1.1 Die Abschnitte der Interphase 38
    1.2 Regelung des Zellzyklus 39
    1.3 Zellalterung 40
  2. Die Mechanik der Zellteilung – Mitose 40
    2.1 Der Mitoseablauf 44
      2.1.1 Prophase 44
      2.1.2 Prometaphase 44
      2.1.3 Metaphase 44
      2.1.4 Anaphase 44
      2.1.5 Telophase 44
    2.2 Die Zytokinese 45
      2.2.1 Furchung 45
      2.2.2 Zellwandbildung bei Pflanzen 45
      2.2.3 Inäquale Zytokinesen 46
    2.3 Theorien zur Chromosomenbewegung 46
      2.3.1 Hemmung der Chromosomenbewegung 46
      2.3.2 Der Spindelfaserapparat 46

  2.3.3 Chromosomentrennung 47
 3. Zelldifferenzierung 48
  3.1 Differenzierung pflanzlicher Zellen 49
  3.2 Differenzierung tierischer Zellen 50
 4. Programmierter Zelltod (Apoptose) 51
 5. Zusammenfassung 54

C Chemie der Bau- und Inhaltsstoffe 56
 1. Grundlagen der Chemie der Zelle 56
 2. Zucker – die Nährstoffmoleküle der Zelle 57
 3. Fettsäuren – die Baustoffe für Membranen 59
 4. Aminosäuren – die Bausteine der Proteine 60

D Biomembranen 66
 1. Diffusion, Osmose und Semipermeabilität 66
 2. Plasmolyse – die Zelle als osmotisches System 73
 3. Eigenschaften von Biomembranen 75
 4. Zusammenfassung 76
 5. Struktur und Funktion der Biomembran 77
  5.1 Die Lipiddoppelschicht 78
  5.2 Membranproteine 83
  5.3 Transportmechanismen für kleine Moleküle und Ionen 85
  5.4 Membrantransport von Makromolekülen und Partikeln 94

E Einzeller – Kriterien des Lebens 98
 1. Einzeller 98
  1.1 Die Rhizopoden 98
  1.2 Die Flagellaten 99
  1.3 Die Ciliaten 99
 2. Kriterien des Lebens 100

F Zellbiologie des Immunsystems 102
 1. Grundlagen der Immunbiologie 102
 2. Die Zellen des Immunsystems 103
 3. Der Ablauf einer Immunreaktion 104
 4. Die erworbene Immunität 107
  4.1 Lymphozyten 107
  4.2 Die Theorie der klonalen Selektion 107
  4.3 B-Zellen und die humorale Immunreaktion 108
   4.3.1 Aufbau und Eigenschaften der Antikörper 111
   4.3.2 Molekulare Ursachen der Antikörpervielfalt 114
  4.4 T-Zellen und die zelluläre Immunreaktion 117
   4.4.1 T-Zell-Rezeptoren 117
   4.4.2 Die MHC-Restriktion von T-Zellen 118
  4.5 Steuerung der Immunreaktionen 120
   4.5.1 Die Aktivierung der T-Zellen 121
   4.5.2 Die Aktivierung der B-Zellen 123
   4.5.3 Abschalten von Immunreaktionen 123
  4.6 Ursachen der Immuntoleranz 124
  4.7 Abwehrmaßnahmen gegen Bakterien und Viren 124

   4.7.1 Abwehrmaßnahmen gegen Bakterien 124
   4.7.2 Abwehrmaßnahmen gegen Viren 125
 5. Zusammenfassung 126

G *Das Mikroskop als Analyseinstrument* *128*
 1. Die Lichtmikroskopie: Auge, Lupe und Mikroskop – einfache physikalische
   Grundlagen 128
 2. Die Elektronenmikroskopie 133
 3. Die Güte von Lichtmikroskopen – der Kauf eines Lichtmikroskops 136
 4. Tipps zum Mikroskopieren 137
   4.1 Darstellung des Zwischenbildes 137
   4.2 Bestimmen des Gesichtsfelddurchmessers 138
   4.3 Untersuchung unterschiedlicher Substanzen 138
   4.4 Regeln zur Mikroskopie 139

Quellenverzeichnis *141*

Literaturverzeichnis *142*

Lösungen zu den Aufgaben *145*

Glossar *152*

Register *156*

Vorwort

> „... Our microscope informs us that the substance of cork is altogether filled with air, and that the air is perfectly enclosed in little boxes or **cells** distinct from one another ...
> ... these were the first microscopical pores, that were ever seen."
>
> Robert Hooke 1667 in Micrographia

Woraus bestehen Lebewesen? Diese Frage ist so alt wie die Biologie selbst und beschäftigt die Naturforscher schon seit Jahrtausenden.

Der vorliegende Band der Reihe „mentor Abiturhilfe Biologie" beschäftigt sich im Wesentlichen mit der kleinsten lebensfähigen Einheit der Lebewesen, der **Zelle**.

Bei allen Lebensprozessen spielen zellbiologische Vorgänge eine wichtige Rolle. Beispiele hierfür sind Wachstum und Regeneration ebenso wie Stoffwechsel und Altern.

Der gesamte Bereich der Molekularbiologie und Biotechnik beruht auf Kenntnissen aus der **Zellbiologie**. Somit steht die **Zellbiologie** stellvertretend für wesentliche Inhalte der modernen Biologie. An ihr können **Prinzipien und Kennzeichen von lebenden Systemen** dargestellt und verdeutlicht werden.
Entsprechend wird sie als Grundlage für alle weiteren Inhalte der Biologie in den Jahrgangsstufen der gymnasialen Oberstufe gesehen und dient förmlich als **Tür zur Oberstufenbiologie** schlechthin.

Ausgehend von der **Betrachtung der Zelle** in immer feineren Dimensionen werden **Zusammenhänge zwischen Struktur und Funktion** erarbeitet.
Besondere Aufmerksamkeit wird der Behandlung der **Biomembran** gewidmet, da vor allem sie immer größere Bedeutung gewinnt.

An die klassischen zellbiologischen Themen schließt sich ein Kapitel an, in dem zellbiologische Aspekte des **Immunsystems** behandelt werden. Traditionellerweise wird das Immunsystem im Zusammenhang mit Genetik behandelt. Die inhaltliche Nähe zur Zellbiologie ist jedoch viel größer – mit einer Ausnahme: die molekularen Ursachen der Antikörpervielfalt (Kap. 4.3.2) sind ohne Grundkenntnisse in Molekulargenetik vermutlich nur schwer zu verstehen.

Die beiden Bände „**Zellbiologie**" mit Immunbiologie (690) und „**Stoffwechsel**" (697) verstehen sich als **Einheit**. Wesentliche Funktionen der Zelle – so die abbauenden (Zellatmung) und aufbauenden (Fotosynthese) Stoffwechselprozesse – werden wegen ihrer eigenen Komplexität erst im Band „Stoffwechsel" behandelt; er stellt eine **ideale Ergänzung**, Erweiterung und Vertiefung des vorliegenden Buches dar.

Auch diesmal geht es uns natürlich wieder um den **Spaß beim Lernen**! Es kommt uns vor allem darauf an, dass am Ende **grundsätzliche biologische Zusammenhänge** erkannt und bekannt sind, und es geht uns weniger darum, in jedem Detail den absolut neuesten Stand einer sich blitzartig entwickelnden Wissenschaft zu repräsentieren.

Hier verweisen wir gerne auf entsprechende Spezialliteratur (vgl. Literaturverzeichnis) und sind vollauf damit zufrieden, wenn wir mit diesem Buch das Interesse geweckt und die Grundlagen zum Verständnis gelegt haben.

Viel Spaß und Erfolg beim Lesen, Lernen, Experimentieren, Durchstöbern oder auch nur Nachschlagen wünschen

Reiner R. Kleinert,
Wolfgang Ruppert,
Franz X. Stratil

Alle Begriffe, die mit einem * versehen sind, werden im Glossar am Ende des Buches erläutert.

A Die Struktur der Zelle

1. Die Entwicklung der Zytologie und die Zelle als kleinste Einheit des Organismus

Die **Zellbiologie** oder **Zytologie** ist im engeren Sinne keine eigenständige wissenschaftliche Disziplin der Biologie wie z.B. die Genetik, die Ökologie oder die Ethologie.

Sie liefert allerdings Ergebnisse für ein besseres Verständnis vom Leben der Organismen insgesamt.

Ihre Ergebnisse und Erkenntnisse stehen in einem direkten Bezug zur Entwicklung immer leistungsfähigerer Apparate, mit deren Hilfe man immer kleinere Dinge groß und sichtbar abbilden kann, den **Mikroskopen**.
Da ist es nicht verwunderlich, dass der Begriff Zelle selbst sich auf diese historische Bedingtheit zurückführen lässt:

1665 untersuchte der englische Physiker ROBERT HOOKE (vgl. Zitat im Vorwort) Flaschenkork, also die Rinde von Korkeichen, und konnte mit dem gerade erst erfundenen Mikroskop kleine, kästchenförmige Strukturen erkennen.
Da diese große Ähnlichkeit mit Bienenwaben aufwiesen, prägte er den Begriff **Zellen***. (Weil es sich bei Flaschenkork um totes Material handelt, hatte HOOKE allerdings nur die Zellwände gesehen.)
Wichtig war, dass er das Mikroskop nicht nur zur Untersuchung biologischer Objekte benutzte, sondern auch seine Ergebnisse und Beobachtungen in Form von Zeichnungen und Skizzen festhielt und damit einer Diskussion zugänglich machte.

In den folgenden ca. 200 Jahren führten weitere Verbesserungen der optischen und mechanischen Eigenschaften der Mikroskope zu einer Vielzahl von Entdeckungen, die immer wieder darin mündeten, dass die untersuchten biologischen Objekte aus einzelnen Zellen aufgebaut waren.

Diese Erkenntnis führte SCHLEIDEN und SCHWANN 1838/39 zur Aufstellung der allgemeinen **Zelltheorie**, die besagt, dass alle Tiere und Pflanzen aus Zellen zusammengesetzt sind und damit die **Zelle** die **Grundeinheit aller Lebewesen** darstellt.

Diese Theorie wurde 1855 durch VIRCHOW noch erweitert, der erstmals **Zellteilungen** beobachtete und dabei feststellte, dass alle Zellen immer nur aus schon vorhandenen Zellen entstehen (*vgl. Kap. B*).

Zellwand	1665
Chloroplasten	1700
Nukleus (Zellkern)	1831
Nukleolus	1831
Zytoplasma	1875
Zellsaftvakuole	1875
Mitochondrien	1910
GOLGI-Apparat	1910

Tabelle 1
Teile der Zelle und ihr ungefähres Entdeckungsjahr

Die Struktur der Zelle

Hatte man sich bis zu diesem Zeitpunkt hauptsächlich mit dem äußeren Bauplan von Zellen unterschiedlichster Organismen beschäftigt, gelang es in der Folgezeit – verbunden mit weiteren Verbesserungen der mikroskopischen Geräte –, auch einen Einblick in das **Innere** der Zellen zu gewinnen.

Wesentliche Erkenntnis war hierbei, dass auch der **Grundbauplan** der einzelnen Zellen bei allen Lebewesen übereinstimmte, egal ob es sich um Einzeller oder um Zellen von mehrzelligen Lebewesen handelte.

Neben dem **Bau** – die klassische Zytologie analysierte alle Systeme auf der Basis der mikroskopisch sichtbaren Strukturen – rückte nun mehr und mehr die **Funktion** der einzelnen Teile in den Blickpunkt des Interesses der Forscher.

Ein vorerst letzter bedeutender Einschnitt für die Entwicklung der Zellbiologie war die Erfindung des **Elektronenmikroskops**: 1931 wurde das erste brauchbare Elektronenmikroskop durch Knoll und Ruska gebaut.
Mit seiner Hilfe gelang es, den **Feinbau** der Zellen zu untersuchen und eine Vielzahl kleinster Zellstrukturen, die **Zellorganellen**, zu entdecken.

Die in den Anfängen der Mikroskopie als weitgehend unstrukturiert beschriebene Zelle entpuppte sich im Laufe der skizzierten 300 Jahre schließlich als ein immer komplexeres Gebilde.

Wir können uns diese Entwicklung am Hausbau verdeutlichen, wo der Rohbau im Laufe der Bauzeit zu einem ausgesprochen komfortabel eingerichteten Wohnhaus wird, mit einer ausgeklügelten Elektro- und Wasserinstallation, einer Zentralheizung, einem übergeordneten Steuer- und Sicherungssystem, diversen Türen, Fenstern und Gängen sowie den unterschiedlichsten Möbeln und Gebrauchsgegenständen.

Bevor wir uns dem mikroskopisch Kleinen zuwenden, wollen wir uns die Einordnung der Zellen in den **Gesamtorganismus** vergegenwärtigen. Zu schnell vergisst man bei all der Fülle an neuen Inhalten, in welchem „Gesamtgebäude" unsere Zellen stehen. Schnell erscheint uns die einzelne Zelle riesengroß – wie sollten sonst auch all die Strukturen in ihr untergebracht sein?!

Die Organismen, die uns normalerweise „begegnen", sind **Mehrzeller**; sie bestehen aus einer ungeheuren Vielzahl von unterschiedlichsten Zelltypen, die in ihrer Gesamtheit den **Organismus** darstellen.

Schauen wir uns diesen Organismus etwas genauer an, so stellen wir fest, dass er aus einer begrenzten Anzahl von **Organsystemen** aufgebaut ist:

- bei **tierischen** Organismen aus dem Kreislaufsystem, dem Verdauungssystem, dem Sinnes- und Nervensystem, dem Bewegungssystem und dem Fortpflanzungssystem, um die wichtigsten zu nennen,

- bei **pflanzlichen** Organismen aus Wurzel, Sprossachse und Blättern.

Untersucht man nun ein solches Organsystem genauer, so erkennt man leicht, dass es selbst wieder aus unterschiedlichen Teilen besteht, den einzelnen **Organen**: Beim Verdauungssystem sind dies z.B. im Wesentlichen die Zähne, die Speicheldrüsen im Mundraum, die Speiseröhre, der Magen, die Bauchspeicheldrüse, die Leber, der Dünndarm und der Dickdarm.

Gemeinsam sind sie für eine übergeordnete Aufgabe verantwortlich: die Versorgung des Gesamtorganismus mit lebensnotwendigen Bau- und Brennstoffen.

Gehen wir nun noch mehr ins Detail, so verlassen wir schon fast den makroskopischen Bereich: Bei der Analyse eines Organs können wir oft unterschiedliche **Zellverbände** entdecken, die aus überwiegend gleichartigen Zellen bestehen und eine bestimmte Funktion erfüllen. Diese Bereiche/Teile nennt man **Gewebe**.

Grundbaustein aller Gewebe wiederum ist die Zelle. Ihr haben wir uns hier genähert, indem wir den Blick vom Größeren zum Kleineren gelenkt haben.

Dass alle Organismen selbst wieder zu **Systemen höherer Ordnung** gehören, die sich ihrerseits zu Familien, Gruppen, Verbänden usw. zusammenschließen, dass sie eingebettet sind in die unterschiedlichsten ökologischen Bezüge (ökologische Nischen, Biozönosen, Biotope), kann und soll die Winzigkeit der Zelle, mit der wir uns auf den folgenden Seiten beschäftigen wollen, in einem noch deutlicheren Licht erscheinen lassen – wir sollten nie den Maßstab aus den Augen verlieren!

2. Das lichtmikroskopische Bild der Zelle

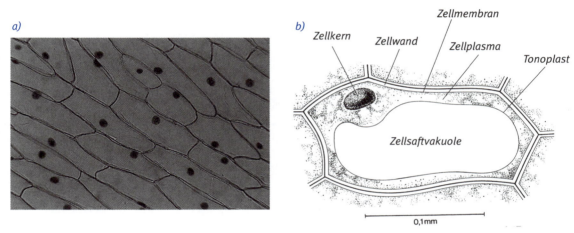

Abb. 1
Zellen der Zwiebelschuppenepidermis: a) Übersicht (Mikrofoto); b) Ausschnitt einer einzelnen Zelle (400-fach)

2.1 Die Grundstruktur der Zelle

Für erste Einsichten in den Grundbauplan von Zellen ist im Biologieunterricht ein Präparat der Zwiebelschuppenepidermis beliebt (*vgl. Kap. G*):

Schon in der Übersicht fällt uns die **gekammerte Struktur** des Gewebestückchens auf, die einer Natursteinmauer ähnelt.

Mit der 400-fachen Vergrößerung können wir deutlich die Zellgrenzen erkennen, die **Zellwände**.

Das Innere der Zellen erscheint meist relativ strukturlos, höchstens leicht **granuliert** (gekörnt).

Häufig lässt sich in der Nähe der Zellwand ein meist rundlicher, etwas dunklerer, stärker granulierter Körper entdecken. Dies ist der **Zellkern**.

Schaut man sich das mikroskopische Bild der Zwiebelschuppenepidermis einer **roten** Küchenzwiebel an, so findet man das Innere rötlich angefärbt und kann bei geeigneter Ausschnittswahl einen ungefärbten **Zwischenraum** zwischen Zellwand und rot gefärbtem Innenraum feststellen.

Der gefärbte Innenraum entspricht einer nur für die ausgewachsenen pflanzlichen Zellen typischen Struktur, der **Zellsaftvakuole**.

Die Struktur der Zelle

Sie enthält eine wässrige Lösung, in der verschiedene organische und anorganische Stoffe gelöst sind – in unserem speziellen Fall einer roten Küchenzwiebel auch der rote Farbstoff.

Die Zellsaftvakuole ist durch ein **Häutchen**, die sogenannte **Tonoplastmembran**, vom restlichen Zellinnenraum getrennt und von granuliertem **Zellplasma** umgeben, in dem sich auch der Zellkern befindet. Eine weitere „Haut", die **Zellmembran**, schließt die Zelle nach außen hin ab. Ihr ist die deutlich sichtbare Zellwand als „tote" Grenzschicht aufgelagert.

Nachdem wir uns mit Hilfe der Zwiebelschuppenepidermis einen grundsätzlichen Einblick in die Struktur der pflanzlichen Zelle verschafft haben, wollen wir eine **Zelle der menschlichen Mundschleimhaut** betrachten. Ihre Grundstruktur entspricht der von tierischen Zellen.

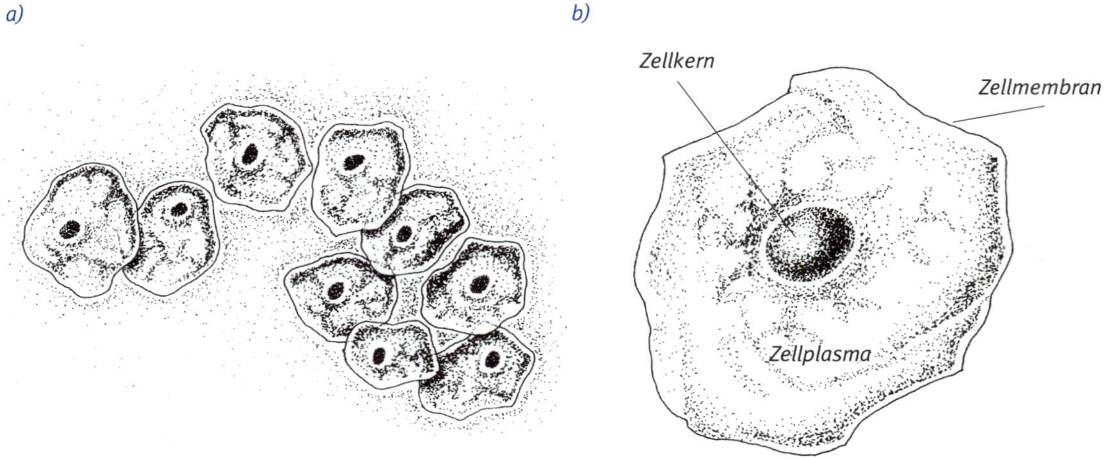

a)

b)

Abb. 2
Epithelzellen der Mundschleimhaut: a) Übersicht (100-fach); b) Zelle (400-fach)

Bei der Analyse der Abbildung der Mundschleimhautepithelzellen fällt zunächst auf, dass ihre äußere Form viel unregelmäßiger verläuft und die Zellgrenzen viel undeutlicher ausfallen als bei den vorher betrachteten pflanzlichen Zellen.

Die tierischen Zellen scheinen nur durch das äußerst feine Häutchen, die **Zellmembran**, begrenzt zu werden; eine zusätzliche deutliche Zellwand kommt nicht vor.

Das Innere ist fein granuliert, es stellt auch hier das **Zellplasma** dar. Meist erkennt man einen zentral gelegenen, dunkleren, stärker granulierten Körper: den **Zellkern**.

Die einzeln oder in kleinen Gruppen liegenden Zellen sind in der intakten Mundschleimhaut zu einem geschlossenen Geweberverband – dem **Plattenepithel** – verbunden.

Die grundsätzlichen **Gemeinsamkeiten** im Aufbau von pflanzlicher und tierischer Zelle aus begrenzender Zellmembran, einem lichtmikroskopisch strukturlos erscheinenden Zellplasma und dem deutlich hervortretenden Zellkern kann man an den beiden bisher behandelten Beispielen gut erkennen.

Ebenso auffällig sind die **Unterschiede**: Bei pflanzlichen Zellen existieren zusätzlich eine Zellwand und die Zellsaftvakuole. Anhand weiterer Beispiele wollen wir nun einen etwas tieferen Einblick in die Struktur der pflanzlichen Zelle gewinnen.

Die **Wasserpes**t *(Elodea canadensis)* ist eine häufige Pflanze in Süßwasseraquarien und Tümpeln; sicher hat sie jeder schon einmal gesehen *(vgl. Abb. 3)*.

Betrachtet man ein einzelnes Blättchen unter dem Lichtmikroskop, so wird zunächst der typische Aufbau eines pflanzlichen Gewebes sichtbar: Kammerstruktur, deutlich erkennbare Zellwände. Auffällig sind allerdings kleine grüne Körper, die sich in großer Zahl im Innern der Zellen befinden, die so genannten **Blattgrünkörper** oder **Chloroplasten***, die zur Gruppe der **Plastiden** gehören.

a)

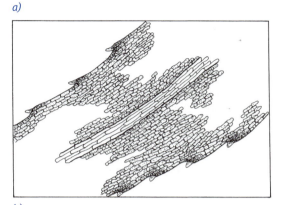

b)

Abb. 3
Wasserpest
(*Elodea canadensis*)

Abb. 4
Zellen der Wasserpest:
a) Gesamtübersicht (30-fach vergrößert)
b) Ausschnitt (Mikrofoto, ca. 400-fach)

Die Chloroplasten haben eine besondere Bedeutung im Zusammenhang mit der **Fotosynthese** *(vgl. mentor Abiturhilfe Stoffwechsel)*. Im Lichtmikroskop sehen sie wie kleine ovale Körnchen aus *(vgl. Kap. A.3.3)*.

2.2 Pflanzen- und Tierzelle im Vergleich

Stellen wir unsere Kenntnisse über Gemeinsamkeiten und Unterschiede von Pflanzen- und Tierzellen in einer Tabelle gegenüber, so ergibt sich folgendes Bild:

Bei Betrachtung der pflanzlichen Zelle fällt als Erstes ihre deutliche Zellbegrenzung auf.

Diese **Zellwand** gibt den pflanzlichen Zellen eine relativ feste und unveränderbare Form; sie fehlt den tierischen Zellen vollständig.

Mit dem Lichtmikroskop nicht eindeutig erkennbar ist die **Zellmembran**, die den Abschluss des fast durchsichtigen, leicht granulierten **Zellplasmas** nach außen hin bildet.

Die Struktur der Zelle

Pflanzliche Zelle	Tierische Zelle
Zellwand	–
Zellmembran	Zellmembran
Zellplasma	Zellplasma
Zellkern	Zellkern
Plastiden (Chloroplasten)	–
Zellsaftvakuole (bei ausgewachsenen Pflanzenzellen)	–
Tonoplastmembran	–

Tabelle 2
Gemeinsamkeiten und Unterschiede von Pflanzen- und Tierzellen im lichtmikroskopischen Bild

Die Zellmembran stellt die einzige Begrenzung der tierischen Zelle dar und existiert auch bei allen pflanzlichen Zellen, dort allerdings als der Zellwand direkt anliegendes Häutchen.

Bei beiden Zellarten erkennt man den **Zellkern** als einen deutlich stärker granulierten, kugelförmigen Bereich.
Ausschließlich die pflanzliche Zelle verfügt über kleine ovale Körperchen, die **Plastiden**. Je nachdem, welche Stoffe in ihnen lokalisiert sind, handelt es sich entweder um **Chromoplasten***, also Farbstoffträger, oder **Leukoplasten***, farblose Plastiden.
Bei den Chromoplasten spielen die grünen **Chloroplasten** eine besondere Rolle, denn sie sind die **Hauptorte der Fotosynthese**.

Eine weitere Besonderheit unterscheidet die Pflanzenzelle von der tierischen Zelle:

Der raummäßig größte Anteil einer ausdifferenzierten („ausgewachsenen") Pflanzenzelle wird von der oder den **Zellsaftvakuole(n)** ausgefüllt.
Diese Vakuole ist durch eine weitere Membran, die **Tonoplastmembran**, vom übrigen Plasma getrennt und enthält eine wässrige Lösung mit verschiedenen organischen und anorganischen Stoffen, z.B. Farbstoffen (vgl. die rote Küchenzwiebel).

Sie ist für jede einzelne Zelle und auch für den gesamten pflanzlichen Organismus von großer Bedeutung, da sie für den **Zelldruck (Turgor)** und damit für die Festigkeit des gesamten Pflanzenkörpers mitverantwortlich ist. Ebenso erfüllt sie Aufgaben bei der Stoffaufnahme und -ausscheidung.

Fassen wir unsere bisherigen Ergebnisse zusammen, so erhalten wir folgende Vorstellung vom lichtmikroskopischen Bild einer Pflanzen- bzw. Tierzelle:

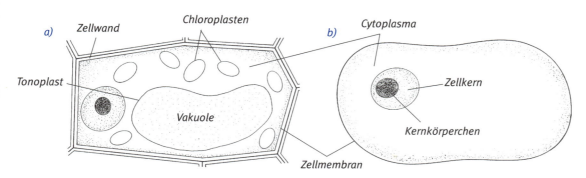

Abb. 5
Schematische Darstellung des lichtmikroskopischen Bildes a) der pflanzlichen und b) der tierischen Zelle (Zellkerne mit Kernkörperchen dargestellt)

2.3 Der Aspekt der Dreidimensionalität

Auf einen Aspekt wollen wir noch eingehen, bevor wir uns der Elektronenmikroskopie und damit einem weitaus differenzierteren Bild der Zelle zuwenden. Es handelt sich um den Aspekt der **Dreidimensionalität**:

Ähnlich wie bei der Fotografie nehmen wir bei der Mikroskopie die Abbildungen unserer Objekte nur zweidimensional wahr.

Nun wissen wir bei der Fotografie allerdings, dass der abgebildete Mensch oder Gegenstand eine Räumlichkeit, Tiefe hat, was wir bei den hauchdünnen Objekten mikroskopischer Bilder oftmals vergessen.

 Die folgende **Hilfskonstruktion** kann dazu beitragen, das Problem der Dreidimensionalität zumindest erfahrbar zu machen; wir benötigen dazu einen **Tageslicht-** oder **Overhead-Projektor**, unterschiedliche Legosteine und/oder andere kleine Gegenstände, ein Glasaquarium und durchsichtige Plastiktüten.

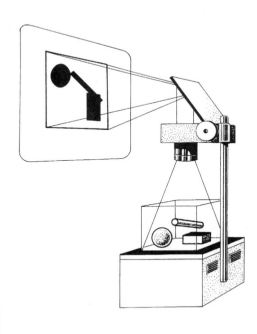

Ein Overhead-Projektor ist ideal dazu geeignet, Abbildungen, Skizzen oder kurze Texte entsprechend vergrößert an einer hellen Wand abzubilden – wir alle haben ihn in dieser Funktion schon erlebt.

Stellen wir nun, wie es in der Abbildung skizziert ist, zunächst das Aquarium auf die Projektionsplatte, so bildet sich an der Wand schemenhaft eine rechteckige Begrenzung ab.

Wenn wir in dieses Aquarium z.B. einen roten Legostein legen, erscheint an der Wand eine dunkle, rechteckige Fläche. Eine bunte Kugel wird als dunkler Kreis, ein Rohr als längliches Rechteck abgebildet, eine durchsichtige und mit Wasser gefüllte Tüte ist kaum sichtbar.

Ein grüner Legostein lässt sich im Abbild vom roten nicht unterscheiden. Steht er auf der Kante, so erhält er durch seine jetzt im Abbild sichtbaren Noppen plötzlich eine neue und ganz andere Gestalt.

Verändern wir die **Schärfenebene**, werden die vormals scharfen Abbildungen unscharf und formlos oder verschwinden ganz.

Die Struktur der Zelle

Wir können mit dem Overhead-Projektor also viele Aspekte simulieren, die besonders bei der Lichtmikroskopie eine Rolle spielen.

Für uns ist es dabei wichtig zu wissen, dass

- dreidimensionale Strukturen grundsätzlich nur zweidimensional abgebildet werden,
- die gleiche dreidimensionale Struktur je nach Lage im zweidimensionalen Bild unterschiedlich aussehen kann,
- farbliche Unterschiede oft nicht reproduziert werden,
- Strukturen, die in etwa den gleichen Brechungsindex wie das umgebende Medium aufweisen, also durchsichtig sind, überhaupt nicht abgebildet werden,
- nur diejenigen Strukturen (scharf) abgebildet werden, die sich in der Schärfeebene befinden,
- und damit immer nur ein Ausschnitt (eine Scheibe) sichtbar wird.

Vergegenwärtigt man sich alle diese Überlegungen, so gewinnt man eine Vorstellung von der **Dreidimensionalität** der Zellgestalt:

Auch die **Dimensionalität** (Maßstabsproblematik) können wir anhand des Overhead-Projektors direkt erlebbar machen: Wird doch ein kleiner Gegenstand bei entsprechend großem Abstand zur Projektionswand riesengroß abgebildet. Mit einem durchsichtigen Lineal können wir den Effekt leicht abmessen.

Gerade das Begreifen der unglaublichen Winzigkeit wird uns im nun folgenden Kapitel vor fast unlösbare Probleme stellen.

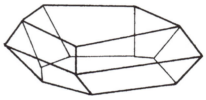

Abb. 6
Dreidimensionale
Gestalt einer Pflanzenzelle

Aufgabe

A01 Welche Strukturen sind nur für die pflanzliche Zelle typisch?

---

3. Das elektronenmikroskopische Bild der Zelle

Im **Lichtmikroskop** konnten wir bisher nur den Zellkern, die Zellwand, die Plastiden und die Zellsaftvakuole als charakteristische Strukturen erkennen. Das Zellplasma blieb für uns eine relativ unstrukturierte, leicht granulierte Flüssigkeit.

Das **Elektronenmikroskop** bringt uns nun wesentliche Erkenntnisse über die Strukturen in diesem **sublichtmikroskopischen** (lichtmikroskopisch nicht mehr zu erschließenden) Bereich.

In einem ersten Schritt werden wir anhand bekannter Strukturen bei relativ geringer elektronenmikroskopischer Vergrößerung **elektronenmikroskopische Abbildungen** kennenlernen und das **Analyseverfahren** einüben.

3.1 Pflanzliche und tierische Zellen

Betrachten wir Abbildung 7, so fallen auf Anhieb **Ähnlichkeiten** mit unseren lichtmikroskopischen Pflanzenzellbildern auf: Deutlich ist die Zellgrenze erkennbar; große Teile des Innenraumes erscheinen auch im elektronenmikroskopischen Bild unstrukturiert und leer, es handelt sich hier um die Bereiche der Zellsaftvakuole.

Das Zellplasma ist allerdings deutlich granuliert und gegenüber den Vakuolenbereichen abgegrenzt.

Auffällig sind mehrere große Körper, die eine charakteristische Innenstruktur aufweisen; es handelt sich um die auch im Lichtmikroskop sichtbaren Chloroplasten.

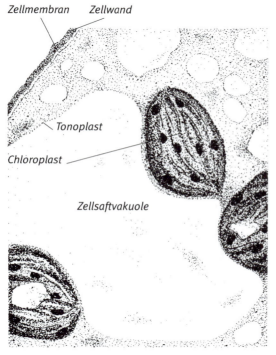

Abb. 7
Ultradünnschnittaufnahme einer typischen (ausdifferenzierten) Pflanzenzelle mit Chloroplasten und Zellsaftvakuole (Ausschnitt; Zellkern nicht getroffen)

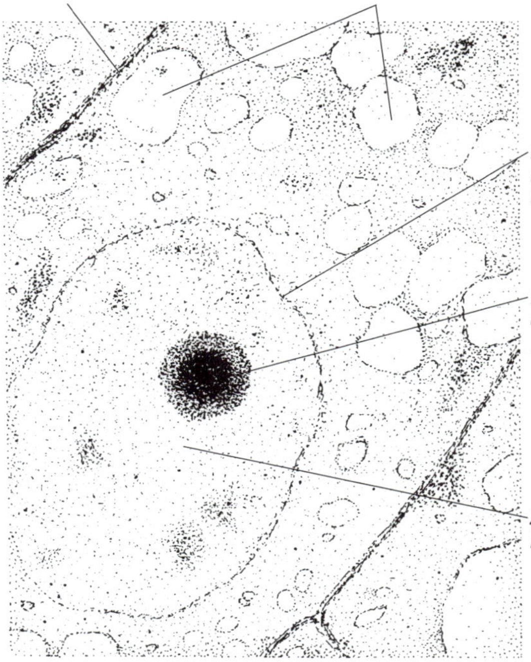

Abb. 8
Ultradünnschnittaufnahme einer jungen Pflanzenzelle (Ausschnitt)

Der relativ große Zellsaftvakuolenbereich, der bis zu 90% des Volumens einer Zelle einnehmen kann, sowie die deutlich ausdifferenzierte Innenstruktur der Chloroplasten weisen auf eine **ausgewachsene (ausdifferenzierte)** Pflanzenzelle hin.

Vergleichen wir hiermit Abbildung 8, so treten neben Gemeinsamkeiten auch **Unterschiede** auf:

Die deutlich zu erkennende Zellwand und die kammerartige Form weisen eindeutig auf eine Pflanzenzelle hin.

Im Zentrum der Zelle befindet sich ein durch eine Linie klar abgegrenzter, einheitlich granulierter Bereich mit einem extrem dunklen Fleck. Das ist der **Zellkern** (**Nukleus**) mit dem so genannten **Kernkörperchen** (**Nukleolus**).

Die Struktur der Zelle

Ein großer Zellsaftraum existiert nicht, nur kleine, unstrukturierte, leer erscheinende Kugeln werden sichtbar.

Diese Punkte deuten auf eine noch **junge, wenig ausdifferenzierte Pflanzenzelle** hin:

- Der Zellkern wirkt im Verhältnis zum Plasma ausgesprochen voluminös (**Kern-Plasma-Relation**).
- Die Plastiden und auch die restlichen Zellorganellen zeigen noch keine deutliche Innenstruktur; das Zellplasma selbst ist wenig strukturiert.
- Der Zellsaftraum besteht noch aus einer Vielzahl kleiner, einzelner Vakuolen, die nur einen geringen Anteil an der Gesamtzelle ausmachen.

Hier nun die elektronenmikroskopische Abbildung einer **tierischen Zelle**:

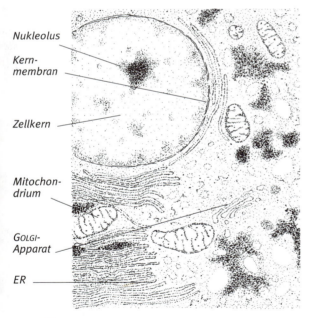

Abb. 9
Ultradünnschnittaufnahme einer tierischen Zelle aus der Leber (Ausschnitt)

Versuchen wir uns nun zu orientieren, indem wir nach bekannten Strukturen Ausschau halten, so fällt zunächst der relativ einheitlich stärker granulierte, fast kugelige Bereich mit dunklem Fleck und einer eindeutigen Abgrenzung auf: der **Zellkern** mit **Kernkörperchen**.

Im Zellplasma treten zwei Strukturen deutlich hervor:

- röhrenartige Teile, die das gesamte Plasma teils dicht, teils weniger dicht durchziehen, das sogenannte **endoplasmatische Retikulum*** (kurz: **ER**)

und

- kugelige bis länglich ovale Körper mit einer deutlichen Innenstruktur, die **Mitochondrien**.

Während das ER ein **zelleigenes Kanalsystem** darstellt, haben die Mitochondrien Aufgaben im Bereich des abbauenden Stoffwechsels zu erfüllen; dies gilt für pflanzliche und tierische Zellen gleichermaßen.

3.2 Bau und Funktion der Zellorganellen

3.2.1 Zellkern

Der **Zellkern** (vgl. Abb. 10) kommt in allen Zellen vor (Ausnahme: ausgereifte rote Blutkörperchen der höheren Wirbeltiere). Seine Form ist meist kugelig, sein Durchmesser beträgt durchschnittlich 5 µm.

Der Innenraum des Zellkerns wird als **Karyoplasma** bezeichnet; er enthält das sogenannte **Chromatingerüst**, das u.a. aus der DNA, dem Träger der Erbinformation, aufgebaut ist.

> Der **Zellkern (Nukleus)** ist das wichtigste Element bei der Steuerung und Regelung des gesamten Zellstoffwechsels.

Die Struktur der Zelle

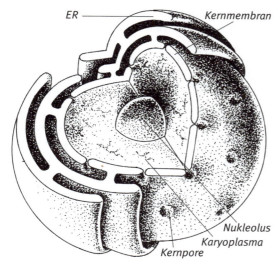

Abb. 10
Räumliche Darstellung des Zellkerns und von Teilen des ER nach elektronenmikroskopischen Aufnahmen (aufgeschnitten)

Bei allen Zellen mit „echtem Zellkern" (Eukaryoten) ist der Kern von einer **doppelten Membran**, der **Kernmembran**, umgeben und steht über sogenannte **Kernporen** mit dem übrigen Zellplasma **in Stoffaustausch**.

Oft besitzt er ein oder mehrere **Kernkörperchen** oder **Nukleoli**, die hauptsächlich RNA enthalten. *(Seine molekulare Architektur sowie seine Funktionen und Veränderungen sind in der mentor Abiturhilfe Genetik ausführlich beschrieben.)*

3.2.2 Mitochondrien

Auch die **Mitochondrien*** sind im elektronenmikroskopischen Bild auffällige Zellorganellen, die in allen Zellen vorkommen; sie erscheinen wurstförmig *(vgl. Abb. 11)*. Sie werden von zwei verschiedenen Membranen eingehüllt.

Die **Außenmembran** umhüllt das gesamte Mitochondrium straff wie eine Wursthaut. Die **Innenmembran** ist demgegenüber stark gefaltet. Ihre Einstülpungen in den Innenraum des Mitochondriums werden **Cristae*** genannt. Sie vergrößern die Fläche der Innenmembran so sehr, dass sie beispielsweise bei Leberzellen rund ein Drittel der gesamten Membranfläche der Zelle ausmacht. Diese **Oberflächenvergrößerung** steht in engem Zusammenhang mit den **Energieversorgungsvorgängen**, die an der inneren Mitochondrienmembran ablaufen; denn hier sind u.a. die Enzyme der Atmungskette gebunden.

3.2.3 Plastiden

Die Plastiden (Chromo-, Chloro- und Leukoplasten) finden sich **nur in den pflanzlichen Zellen**.

Während sie bei den niederen Pflanzen *(vgl. Abb. 13)* ausgesprochen vielgestaltig sind, ist ihre Form bei den höheren Pflanzen sehr einheitlich. Oft sehen sie im elektronenmi-

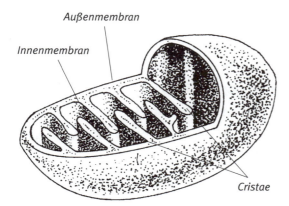

Abb. 11
Räumliche Darstellung eines Mitochondriums nach elektronenmikroskopischen Aufnahmen (aufgeschnitten)

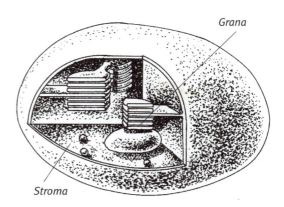

Abb. 12
Räumliche Darstellung eines Chloroplasten nach elektronenmikroskopischen Aufnahmen (aufgeschnitten)

Die Struktur der Zelle

kroskopischen Bild wie Kaffeebohnen aus *(vgl. Abb. 12)*.

Wie die Mitochondrien werden auch sie von zwei verschiedenen Membranen eingehüllt.

Die **innere Membran** ist ähnlich wie bei den Mitochondrien eingestülpt und bildet sogenannte **Thylakoide,** die an manchen Stellen geldrollenartig dicht übereinander gestapelt vorliegen und als **Grana** bezeichnet werden. Das **Innere** wird als **Stroma** bezeichnet.

Die unterschiedlichen Plastidentypen gehen durch Ausdifferenzierung aus den relativ wenig strukturierten **Proplastiden** hervor und wandeln sich erst im Verlaufe der Entwicklung der Blattzellen zu den grünen Chloroplasten um.

Auch bei ihnen hat durch die Einstülpung eine enorme **Oberflächenvergrößerung** bei gleichzeitiger **Kompartimentierung** stattgefunden. Ihre Funktion ist eng an die Prozesse der **Fotosynthese** geknüpft.

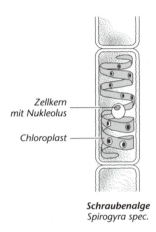
Schraubenalge
Spirogyra spec.

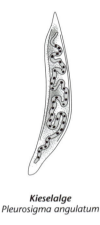
Kieselalge
Pleurosigma angulatum

Grünalge
Oedogonium spec.

Jochalge
Zygnema spec.

Abb. 13
Chloroplastenformen bei verschiedenen Algenarten

Das lichtmikroskopisch homogen erscheinende **Zellplasma** (Zytoplasma) ist im elektronenmikroskopischen Bild mittels Membranen strukturiert:

Die beiden wesentlichen **Membransysteme** sind das **endoplasmatische Retikulum (ER)** und die **Dictyosomen.** Die Dictyosomen werden in ihrer Gesamtheit auch als Golgi-**Apparat** bezeichnet.

3.2.4 Endoplasmatisches Retikulum (ER)

Das ER besteht aus einem ausgesprochen vielgestaltigen und variablen System von Röhren, Kanälen, Bläschen etc.

Dadurch werden unterschiedliche Reaktionsräume geschaffen, an deren riesigen Oberflächen die verschiedensten **enzymatischen Reaktionen** ablaufen können.

Zusätzlich dient es der Beförderung der unterschiedlichsten Stoffe innerhalb der Zelle.

Zwei **Formen** lassen sich unterscheiden:

- das **agranuläre (glatte) ER** und
- das **granuläre (raue) ER.**

Das glatte ER weist relativ „glattwandige", meist stark verzweigte Röhren und Kanäle auf und spielt eine wesentliche Rolle z.B. beim Auf- und Abbau von Lipiden. In der Leberzellen werden von ihm speziell toxische (giftige) Stoffe abgebaut.

Die Struktur der Zelle

Das raue ER ist dadurch gekennzeichnet, dass seine Membranen mit einer Vielzahl kleiner „Körnchen", den **Ribosomen**, behaftet sind.

3.2.5 Ribosomen

Ribosomen sind winzige Körnchen, die entweder am ER anliegen (= raues ER) oder sich frei im Zytoplasma befinden. Sie sind maßgeblich an der **Produktion** von Proteinen und damit von **Sekreten und Enzymen beteiligt**.

Treten sie eng nebeneinanderliegend quasi als „Kette" auf, wird ihre Gesamtheit **Polysom** genannt.

Bei extrem starken Vergrößerungen wird sichtbar, dass die einzelnen Ribosomen sich aus **zwei komplementären Untereinheiten** zusammensetzen, die zusammen ein rundliches Körperchen bilden. Bei Bakterien z.B. bestehen diese aus 55 unterschiedlichen Proteinen und 3 verschiedenen RNA-Molekülen.

Ribosomen sind nicht von einer Membran zum Zellplasma hin abgegrenzt.

3.2.6 Dictyosomen/Golgi-Apparat

Die Dictyosomen, in ihrer Gesamtheit nach ihrem Entdecker, dem Italiener Golgi, als

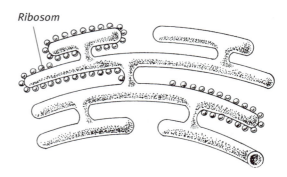

Abb. 14
Räumliche Darstellung von endoplasmatischem Retikulum (ER) nach elektronenmikroskopischen Aufnahmen; die Ribosomen sind im Verhältnis größer dargestellt

Golgi-**Apparat** bezeichnet, bestehen aus einem Stapel von drei und mehr aufeinander liegenden flachen Scheibchen (**Cisternen**), die am Rand in kleine **Bläschen**, die Golgi-Vesikel, „auslaufen".

Dass man sie gehäuft in Drüsenzellen vorfindet, deutet auf ihre Funktion als **Sekretlagerstätten** und ihre **Ausscheidungsfunktion** hin. Im Prinzip stellen die **Ribosomen**, das **ER** und der Golgi-**Apparat** sowie die noch zu besprechenden **Lysosomen** ein gemeinsam arbeitendes **System** in der Zelle dar (vgl. Abb. 16):

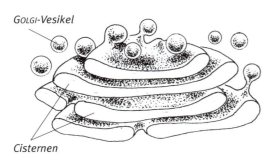

Abb. 15
Räumliche Darstellung von Teilen des Golgi-Apparates nach elektronenmikroskopischen Aufnahmen (aufgeschnitten)

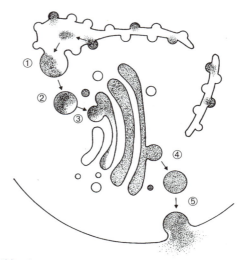

Abb. 16
Schema zum Sekrettransport

Die Struktur der Zelle

- Proteine, die an den Ribosomen am rauen ER gebildet werden, werden von diesem in Transportvakuolen „verpackt" ① und zu den Dictyosomen transportiert ②, mit denen sie verschmelzen ③.
- So werden die vorhandenen Cisternen immer größer, und es entstehen fortwährend neue.
- Die Cisternen schnüren nun ihrerseits Vakuolen ab ④, die GOLGI-Vesikel, die dann zur Zellmembran wandern können, um dort nach außen entleert zu werden ⑤.
- Hierbei verschmilzt das Sekretbläschen mit der Zellmembran und gibt seinen proteinhaltigen Sekretstoff nach außen ab.

Da die **Zellmembran** somit selbst an diesen Prozessen teilnimmt, entsteht eine **indirekte Verbindung** zwischen **Zellkerninformation** und den an der Zellmembran ablaufenden Prozessen *(vgl. Kap. D.5)*.

3.2.7 Lysosomen

Im Normalfall beginnt das Studium von Zellorganellen mit morphologischen Untersuchungen, z.B. der Analyse von elektronenmikroskopischen Aufnahmen, und danach folgt die Isolierung und anschließende biochemische Untersuchung. Die **Erforschung** der Lysosomen verlief bezeichnenderweise genau umgekehrt.

Zunächst wurden auf biochemischem Weg **lytische* Enzyme*** nachgewiesen, die sich in einem membranumschlossenen „Körperchen" von ca. 0,4 µm Durchmesser befinden mussten.

Anschließende elektronenmikroskopische Untersuchungen konnten tatsächlich diese Einschlüsse nachweisen (vgl. Versuch V02).

Wenden wir uns abschließend der **Funktion** der Lysosomen zu:

Ihnen kommen im **Zellstoffwechsel** zwei Aufgaben zu *(vgl. Abb. 17)*. Einerseits müssen sie von außen aufgenommene Stoffe abbauen ①, andererseits verbrauchte Teile der Zelle (zytoplasmatische Strukturen, die nicht mehr funktionsfähig sind) umschließen, abbauen und ausscheiden ②.

Der letztgenannte Prozess wird **Autophagozytose*** genannt und macht einen wesentlichen Teil der gesunden Zelle aus. Denn indem sie ihre zytologische Ausstattung umbaut und verändert, erneuert sie sich ständig selbst und kann sich den unterschiedlichen Bedingungen anpassen *(vgl. Ausführungen zur Phagozytose in Kap. D.5.4)*.

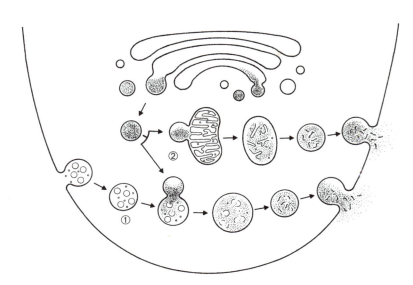

Abb. 17
Funktionsschema zur Wirkungsweise der Lysosomen

Die Struktur der Zelle

Versuch

V02 Folgende **Untersuchungsmethodik** hatte zu diesen Ergebnissen geführt:

Mit Hilfe von **Ultrazentrifugen** lassen sich Zellbestandteile oder auch größere Moleküle entsprechend ihrer unterschiedlichen **Sedimentationsgeschwindigkeit** unterteilen (fraktionieren).

Das bedeutet, dass die einzelnen Bestandteile entsprechend ihrer Größe, Dichte, Oberflächenbeschaffenheit und ihrer Masse bei der Zentrifugation unterschiedlich schnell „wandern" und sich dadurch in unterschiedlichen Bereichen absetzen – je größer die Masse eines Teilchens ist, desto schneller wandert (sedimentiert) es.

Die Abbildung a) demonstriert, wie man einzelne Zellbestandteile durch **Homogenisieren*** gewinnt:

Ein Gemisch solcher Zellbestandteile wird in ein Zentrifugenglas mit einer Flüssigkeit gefüllt, deren Dichte von oben nach unten zunimmt. Man sagt auch, diese Flüssigkeit verfügt über einen **Dichtegradienten**.

Nach längerem **Zentrifugieren** – bis zu 48 Std. bei 40 000 Umdrehungen/Minute – sammeln sich die einzelnen Zellbestandteile in denjenigen Bereichen an, die ihrer eigenen Dichte entsprechen, und bilden deutlich sichtbare „Banden":

Die Banden können entnommen und weiteren Untersuchungen zugeführt werden.

Aus den Sedimentationseigenschaften leitete man für die Lysosomen eine Größe von ca. 0,4 µm Durchmesser ab.

Gewinnen einzelner Zellbestandteile durch Homogenisieren

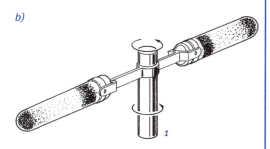

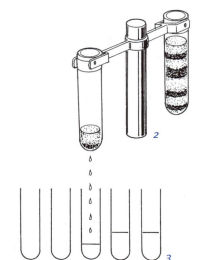

Zonenzentrifugation, Dichtegradienten-Zentrifugation:
1) Beginn der Zentrifugation;
2) Bandenbildung;
3) Gewinnen der einzelnen Fraktionen durch Anbohren und Abtropfen

Die Struktur der Zelle

3.2.8 Mikrotubuli/Centriolen

Zum Schluss wollen wir uns mit einer Gruppe von „Zellorganellen" beschäftigen, die

- nicht von einer Membran umgrenzt sind,
- besonders gehäuft in all jenen Teilen der Zelle auftreten, die speziell der **Bewegung** dienen (Wimpern, Geißel), und
- eine wesentliche Rolle bei der **Zellteilung** (**Spindelfaserapparat**) spielen *(vgl. hierzu Kap. B).*

Es handelt sich um die so genannten **Mikrotubuli**. Diese **fibrillären**, d.h. faserigen Strukturen sind aus kugelförmigen Untereinheiten aufgebaut, den **Tubulin-Molekülen**. Tausende von Tubulin-Molekülen bilden aneinandergereiht ein lineares Protofilament. 13 solcher Protofilamente sind in einem Mikrotubulus Seite an Seite um einen Zentralbereich angeordnet, der elektronenoptisch leer erscheint *(vgl. Abb. 18).*

Ein solcher Mikrotubulus ist ein **polares** Gebilde mit einem schnell wachsenden **Plus-Ende** und einem immer wieder zerfallenden und daher langsam wachsenden **Minus-Ende**.

Oft liegen die Mikrotubuli nicht einzeln im Zytoplasma, sondern sind **in Gruppen** geordnet und stellen so das Grundgerüst von langgestreckten „Auswüchsen" der Zelle dar.

Oder sie befinden sich in charakteristischen **9er-Strukturen** angeordnet in den Wimpern (Cilien) der Wimpertierchen, der Geißel (Flagellum) der Geißeltierchen genauso wie in dem Schwanzstück von tierischen und menschlichen Spermien *(vgl. Abb. 19).*

Die Vorstellung, dass sie im Wesentlichen bei Vorgängen der **Zellbewegung** von Bedeutung sind, muss wohl kaum noch weiter begründet werden.

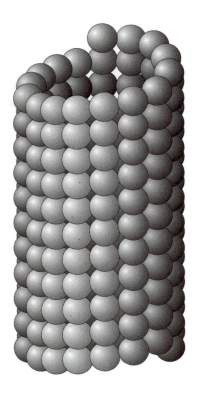

Abb. 18
Räumliche Darstellung eines Mikrotubulus

Die Struktur der Zelle

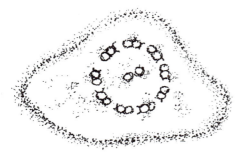

Abb. 19
a) Querschnitt durch die Geißel eines Geißeltierchens mit 9x2+2-Struktur

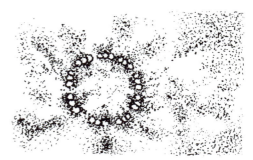

b) Querschnitt durch ein Centriol eines Säugetiers mit 9x3-Struktur; nach elektronenmikroskopischen Aufnahmen

Neben dieser Bewegungsfunktion scheint ihnen auch bei der Regulierung und Aufrechterhaltung der Zellgestalt in Form eines **Zellskeletts** eine entscheidende Rolle zuzukommen. Denn sie kommen gehäuft in denjenigen Plasmabereichen vor, die eine gelartige (feste) Konsistenz besitzen.

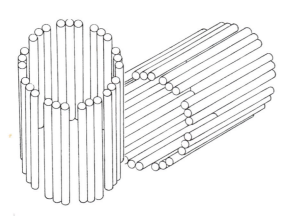

Abb. 20
Räumliche Darstellung eines Centriolenpaars

Derzeit erhärten sich auch die Vorstellungen, dass sie als Röhren und Kanäle am innerzellularen Stofftransport beteiligt sind.

Oft findet man speziell in tierischen Zellen Mikrotubuli zu einem charakteristischen Gebilde vereint, dem **Centriol**. Dieses besteht aus **jeweils 9 mal 3** eng zusammenhängenden Gebilden (**Mikrotubulisträngen**), die zylinderförmig angeordnet sind. Je zwei Centriolen sind im rechten Winkel zueinander (T-förmig) angeordnet; sie bilden zusammen ein **Centrosom**. Eine Bedeutung im Zusammenhang mit der Zellbewegung sowie bei der Zellteilung wird angenommen *(vgl. Kap. B)*.

3.2.9 Zellskelett

Vervollständigt wird dieses schon jetzt kaum noch zu überschauende Gebilde der Zelle von einem als **Zellskelett** wirkenden System unterschiedlichster Röhren, den **Mikrotrabekeln***.

Untersuchungen machen immer deutlicher, dass selbst das noch übrig gebliebene „Rest-Zytoplasma" keinen unstrukturierten, flüssigen Raum darstellt.

Es wird von einem unregelmäßigen, dreidimensionalen **Gitterwerk aus feinsten Fäden** durchzogen, das als **Mikrotrabekel-Gitter** bezeichnet wird.

An diesen Fäden scheinen die vorher beschriebenen Zellstrukturen förmlich aufgehängt zu sein:

Die Struktur der Zelle

- Die Existenz des Mikrotrabekel-Gitters erklärt, weshalb es innerhalb der Zelle Bereiche gibt, die einmal mehr oder einmal weniger flüssig sind: Wir müssen uns seine Struktur nur mehr oder weniger dicht vorstellen.

- Das Mikrotrabekel-Gitter kann dazu beitragen, die Aktivitäten der im Plasma verteilten **Enzyme** zu **koordinieren**.

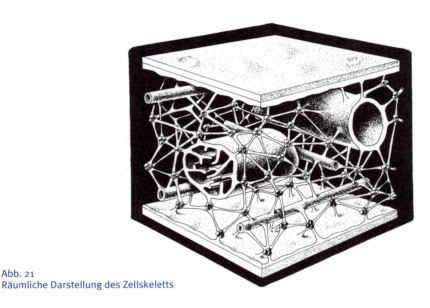

Abb. 21
Räumliche Darstellung des Zellskeletts

Die spezifisch biologischen Prinzipien von **Oberflächenvergrößerung, Kompartimentierung** und **enzymatischer Katalyse** und ihr geordnetes Zusammenwirken werden dadurch erklärbar.

Unterschiedlichste Prozesse können auf engstem Raum getrennt und geordnet ablaufen. Erst dieses komplexe Modell wird damit den beobachtbaren Leistungen der Zelle einigermaßen gerecht.

 Das **Mikrotrabekel-Gitter** ist das verbindende Glied, das die verschiedenen Strukturen des Zytoplasmas zu einer **übergeordneten Struktur- und Funktionseinheit**, dem sogenannten **Zytoplasten**, verbindet.

Die Struktur der Zelle

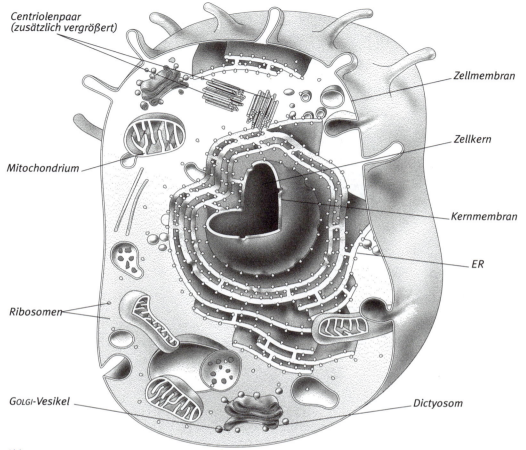

Abb. 22
Modell einer tierischen Zelle, dreidimensional

Aufgaben

A02 Was versteht man unter der **Zonenzentrifugation** und wozu dient sie?

A03 a) Beschreiben Sie die **Feinstruktur** der Mitochondrien.

b) Wodurch unterscheiden sich **granuläres** und **agranuläres ER**?

c) Was ist ein **Golgi-Apparat**?

d) Wie ist ein **Ribosom** aufgebaut?

e) Was sind **Centriolen**?

A04 Fertigen Sie eine **Tabelle** an, in der die einzelnen Zellorganellen skizziert sind und ihnen ihre wichtigste Funktion exemplarisch zugeordnet ist.

Die Struktur der Zelle

Ao5 Bezeichnen Sie die in der Abbildung mit Ziffern ausgewiesenen Strukturen einer tierischen und einer pflanzlichen Zelle.

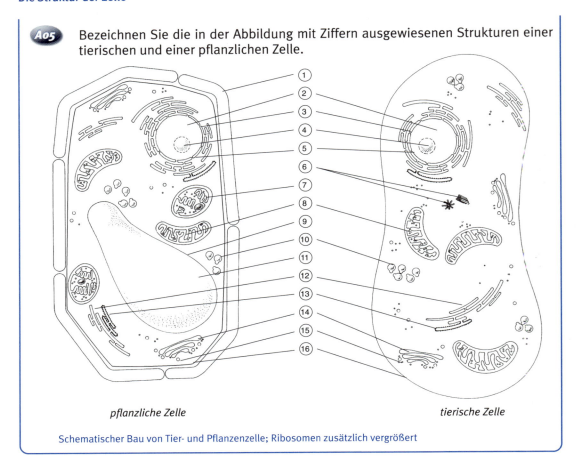

pflanzliche Zelle   *tierische Zelle*

Schematischer Bau von Tier- und Pflanzenzelle; Ribosomen zusätzlich vergrößert

3.3 Die Größe von Zellen

Ein bisher noch nicht ausdrücklich erwähnter Unterschied zwischen tierischen und pflanzlichen Zellen ist ihre Größe. Während tierische Zellen meist nur zwischen 10 und 30 µm groß sind, werden die pflanzlichen Zellen deutlich größer, bis 100 µm. Wie üblich gilt auch hier: keine Regel ohne Ausnahmen! So hat das Eigelb eines Straußeneis, das einer einzigen Zelle entspricht, einen Durchmesser von 7,5 cm, und einzelne Nervenzellen von sehr großen Tieren können bis zu mehreren Metern lang werden.

Da Zellen vom Stoffaustausch mit ihrer Umgebung abhängig sind, können sie nicht beliebig groß oder klein sein. Durch ihre Oberfläche kann nur eine bestimmte Menge an Molekülen hindurchtreten. Je größer eine Zelle ist, umso ungünstiger wird das Verhältnis von der Oberfläche zum Volumen, das versorgt werden muss. Auch die Wege innerhalb der Zellen wachsen mit der Gesamtgröße an, was den Austausch innerhalb der Zellen und mit der Umgebung erschwert und damit das Größenwachstum einschränkt (Diffusionswege, *vgl. Kap. D.1*).

Die kleinsten bekannten Zellen gehören zu den Mykoplasmen. Dies sind wandlose Bakterien (*vgl. Kap. A.4*) mit einer Zellgröße von nur 0,2 bis 0,3 µm. In ihnen ist gerade noch genügend Platz, um alle Erbinformationen und Zellbestandteile unterzubringen, die einen eigenen, geregelten Stoffwechsel ermöglichen.

Hefezellen	Ø 6 bis 8 µm
Escherichia coli	3 µm
Markzelle (Holunder)	Ø 200 µm
Epidermis (Eichenblatt)	28 µm
Ribosomen	bis 10 µm
Elementarmembran (Pflanzen)	6 bis 8 nm
Doppelmembran, ER (Pflanzen)	25 bis 30 nm

Tabelle 3
Größen von ausgewählten Zellen und Zellbestandteilen (nach Flindt 1988)

3.4 Der Struktur-Funktions-Aspekt

Der **Struktur-Funktions-Aspekt** stellt eines der wichtigsten Arbeitskonzepte der Biologie dar.

Er beschreibt den einsichtigen Gedanken, dass eine direkte Beziehung zwischen den vorhandenen **Strukturen** (Bauelementen/Baueigentümlichkeiten) und deren **Funktion** (Aufgaben/Leistungen) besteht.

Lässt sich dieses Prinzip schon in der Technik überall aufzeigen, wie viel wichtiger ist es dann in einem Organismus, der es sich unter keinen Umständen leisten kann, unökonomisch zu arbeiten, Energien zu verschwenden, unnötige Strukturen aufzubauen und/oder „mitzuschleppen".

Anhand der Abbildungen 24 und 25 wollen wir uns dieses Prinzip verdeutlichen, es einüben und gleichzeitig unsere Kenntnisse vom Aufbau der Zelle vertiefen und erweitern.

Zur Analyse der elektronenmikroskopischen Aufnahmen und zur Lösung der Aufgabe A06 benötigen Sie neben einem Stift und Papier möglichst Overhead-Folien (oder aufgeschnittene Klarsichthüllen), Folienstifte und kariertes Millimeter-Papier.

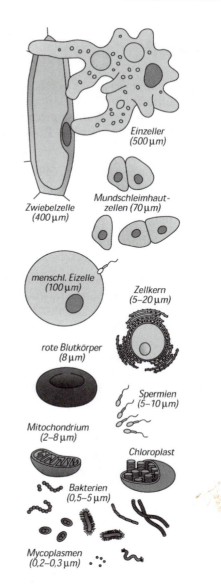

Abb. 23
Verschiedene Zelltypen und -organellen im Größenvergleich: Die oben abgebildeten Zellen bis zu einer Größe von etwa 70 µm sind noch mit dem bloßen Auge sichtbar, alle anderen nur unter dem Lichtmikroskop

Die Struktur der Zelle

Aufgabe

 Berechnen Sie die **Flächenanteile** von ausgewählten Zellorganellen bei Zellen unterschiedlicher tierischer Gewebe.
Vergleichen Sie die **prozentualen Häufigkeiten der Zellorganellen** und versuchen Sie auf die jeweilige **Funktion** der Zellen zu schließen.

Arbeitsanweisung:
Legen Sie je einen Teil der Folie nacheinander über die Abbildungen 24 und 25 und übertragen Sie die Grenzen der gesamten auszuwertenden Fläche.
Nun kennzeichnen Sie durch großzügiges Umkreisen die folgenden Teilflächen möglichst mit verschiedenfarbigen Folienstiften:

- **Mitochondrien (rot);**
- **Endoplasmatisches Retikulum, ER (blau).**

Bestimmen Sie nun die Flächenanteile der einzelnen Zellorganellen mit Hilfe des karierten Papiers und ebenso die Gesamtfläche. Als Einheit gilt ein Quadrat (Karo). Errechnen Sie die prozentualen Anteile der Zellorganellen an der Gesamtfläche und tragen Sie die Ergebnisse in die nachfolgende Tabelle ein. Vergleichen Sie abschließend die prozentualen Häufigkeiten miteinander. Beachten Sie auch die Unterschiede bezüglich der Zellmembran.

Abbildung	untersuchte Gesamtfläche		Mitochondrien		ER	
	Anzahl der Quadrate	%	Anzahl der Quadrate	%	Anzahl der Quadrate	%
Abb. 24 β-Zelle aus der Bauchspeicheldrüse		100				
Abb. 25 Belegzelle aus dem Magen		100				

Tabelle 4
Flächenanteile von ausgewählten Zellorganellen (Erklärungen in der Aufgabenstellung)

Die Struktur der Zelle

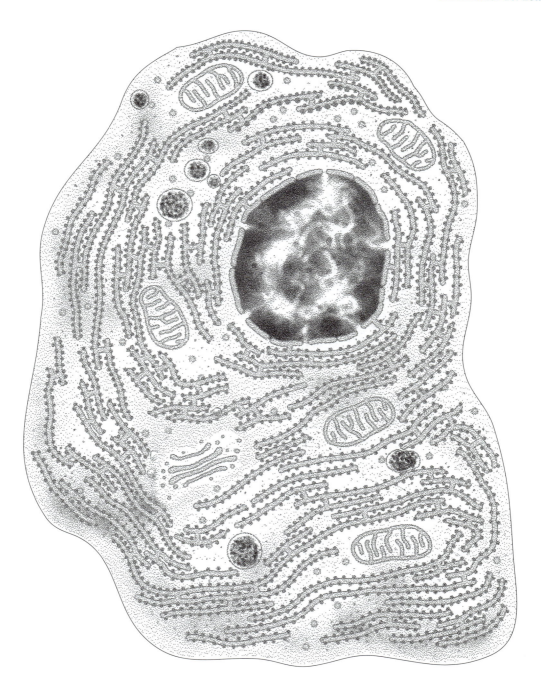

Abb. 24
β-Zelle aus der Bauchspeicheldrüse, nach
elektronenmikroskopischen Aufnahmen

Die Struktur der Zelle

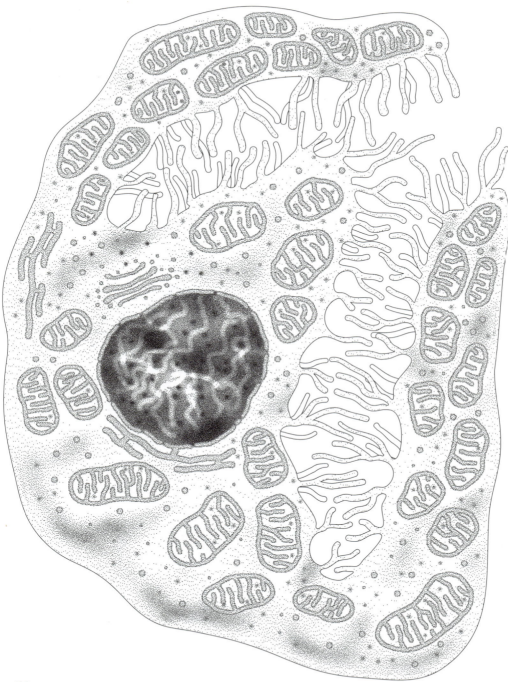

Abb. 25
Belegzelle aus dem Magen, nach elektronenmikroskopischen Aufnahmen

Wir wollen nun nach der Berechnung der prozentualen Häufigkeit bestimmter Zellorganellen, die zur Bestimmung der besonderen **Strukturmerkmale** diente, den Bezug zur besonderen **Funktion** der ausgewählten Zellen herstellen.

Dieser Zusammenhang liegt beim **rauen ER (ER mit Ribosomen)** förmlich auf der Hand: Hier werden in großen Mengen Proteine hergestellt und in den Röhren und den Kanälen des ER innerhalb der Zelle transportiert, um schließlich ausgeschleust zu werden. Die β-Zellen der Bauchspeicheldrüse sind auf die **Herstellung von Insulin** spezialisiert, einem Hormon, das an der Regulation des Blutzuckerspiegels beteiligt ist.

Auch bei den **Mitochondrien** fällt die Erklärung nicht schwer: Sie sind für die Energieversorgung der Zelle zuständig. Tatsächlich benötigen die Belegzellen der Magenwand sehr viel Energie für den **aktiven Transport von Salzsäure** ins Mageninnere. Diesem Zweck dient auch die gewaltige Oberflächenvergrößerung der Zellmembran zur Magenseite hin.

Abschließend wenden wir uns nun noch der Frage zu, wozu die Aufteilung des Zellinneren durch Membranen dient. Bei allen Prozessen im Stoffwechsel müssen die unterschiedlichsten Reaktionen auf engstem Raum nebeneinander ablaufen, ohne sich gegenseitig zu stören.

Das ist nur möglich, wenn lauter kleine, einzelne „Kammern" nebeneinander existieren, sogenannte **Reaktionsräume**, in denen bestimmte Reaktionen ungestört ablaufen können und deren Vor-, Zwischen- und Endprodukte direkt weitergereicht werden können.

Dies ist z.B. durch den **Innenaufbau** der Mitochondrien, ihre **Kompartimentierung***, optimal verwirklicht, sodass auch bei ihnen der Struktur-Funktions-Zusammenhang Gültigkeit hat.

Desgleichen ist die **gesamte Zelle** durch die unterschiedlichen Zellorganellen **in Kompartimente gegliedert** und kann dadurch ihren vielfältigen Aufgaben in idealer Weise gerecht werden.

3.5 Zusammenfassung

Die Zelle ist ein höchst komplexes System, dessen Innenraum auf das Komplizierteste und Vielgestaltigste strukturiert ist.

Nach außen ist sie durch die **Zellmembran** abgegrenzt; in ihrem Inneren befinden sich membranumgrenzte Strukturen, die in Anlehnung an die funktionale Einheit von Organen im vielzelligen Organismus als **Zellorganellen** bezeichnet werden.

Von einer **doppelten Membran** sind **Zellkern, Mitochondrien** und **Plastiden** umschlossen. Die innere der beiden Membranen ist bei Plastiden und Mitochondrien vielfach eingestülpt und deutet schon damit auf die relative Eigenständigkeit und die besondere Stellung dieser Zellorganellen im Zellstoffwechsel hin. Ihre Eigenständigkeit wird noch dadurch unterstrichen, dass sie über **eigenes genetisches Material** verfügen und als so genannte **Selbstteilungskörper** durch Zweiteilung aus schon vorhandenen Organellen hervorgehen.

Diese drei ausgesprochen „individuellen" Organellen sind in ein reich strukturiertes, vielfach gekammertes und stark kompartimentiertes **Membransystem** eingebettet. Dessen Bestandteile stehen miteinander in einer vielfältigen Wechselbeziehung. Im Wesentlichen gehören dazu:

- das **Endoplasmatische Retikulum (ER)**

und

- die **Dictyosomen (GOLGI-Apparat)**.

Dem **granulären ER** sind die „Eiweißfabriken" in der Zelle angelagert, die **Ribosomen**. Weitere membranumschlossene Partikel, die hauptsächlich durch die Übernahme spezieller

Funktionen charakterisiert sind, gehen indirekt aus dem ER bzw. den Dictyosomen hervor, z.B. die **Lysosomen**.

Eine Spezialität der **Pflanzenzellen**, die im Wesentlichen durch die besonderen Anforderungen erklärbar sind, die der pflanzliche Organismus stellt, sind die **Zellsaftvakuole** und die **Zellwand** (vgl. Kap. D.2).

4. Prokaryoten – Eukaryoten

Bisher haben wir uns ausschließlich mit der sogenannten **Euzyte** beschäftigt: Sie ist dadurch charakterisiert, dass ihre Zellen einen „echten Zellkern" besitzen, der durch eine **Biomembran** vom übrigen Zellplasma getrennt ist.

Nahezu alle für uns sichtbaren Lebewesen – Tiere, Pflanzen und Pilze – sind aus eukaryotischen Zellen aufgebaut (vom griechischen eu für „echt" und karyon für „Kern"). Zahlenmäßig weitaus verbreiteter sind allerdings Lebewesen, deren Zellen keine echten Zellkerne besitzen und nicht durch Kompartimente und Organellen strukturiert sind, die **Prokaryoten** mit ihrer so genannten **Protozyte** (vom griechischen pro für „vor" und karyon für „Kern").

Die weitaus größte Gruppe der Prokaryoten wird durch die **Bakterien** gebildet. Sie besiedeln in einer unvorstellbaren Anzahl nahezu alle Lebensbereiche der Erde und dringen dabei auch in Bereiche vor, die für andere Lebewesen tödlich wären. Uns sind sie allerdings oft nur als Verursacher von Infektionen oder verdorbenen Lebensmitteln bekannt und gefürchtet. Dies ist eine sehr eingeschränkte Sichtweise, da Bakterien in den unterschiedlichsten Bereichen für das Leben unverzichtbar sind:

- Als Destruenten bauen sie organische Stoffe ab, d.h., sie sorgen dafür, dass Kohlenstoff, Stickstoff und weitere Elemente von abgestorbenen Lebewesen in die Stoffkreisläufe wieder zurückgeführt werden (vgl. mentor Abiturhilfe Ökologie).

- Als Symbionten bei Pflanzen, Tieren und Menschen sind sie z.B. maßgeblich an einer ungestörten Verdauung beteiligt. Sie bauen im Pansen von Wiederkäuern gemeinsam mit Einzellern (vgl. Kap.E) die ansonsten für Pflanzenfresser unverdauliche Zellulose ab.

Bakterienzellen erreichen meist nur eine Länge von ca. 0,5 µm bis 10 µm und sind damit deutlich kleiner als die Zellen der Eukaryoten, deren Zellorganellen im Dimensionsbereich der Protozyten liegen (Mitochondrien z.B. ca. 10 µm). Ihre Form ist unterschiedlich, man unterscheidet zwischen kugeligen, stäbchenförmigen und spiralig gewundenen Arten. Viele Arten bilden auch Verbände aus zwei und mehr Einzelzellen.

Wie bei Pflanzenzellen ist bei fast allen Bakterien der **Zellmembran** nach außen hin eine **Zellwand** aufgelagert. Diese Bakterienzellwand unterscheidet sich allerdings grundsätzlich von der Zellwand der pflanzlichen Zellen, sie besteht aus **Murein**. Murein ist ein Makromolekül (vgl. Kap. C) aus Zuckerketten und Proteinen, es umgibt die Zellen wie ein festes Netz. Das gesamte Erbmaterial (DNA) konzentriert sich in einem Bereich, den man als Nukleoid bezeichnet, dieser ist aber nicht durch eine Membran vom übrigen Zellplasma getrennt, wie dies für den eukaryotischen Zellkern gilt, ihr DNA-Gehalt entspricht nur etwa einem Tausendstel der DNA von Eukaryotenzellen. Zusätzlich enthalten sie weitere kleine DNA-Ringe, die sogenannten **Plasmide**. Auf ihnen liegen z.B. Gene für die Resistenz gegen Antibiotika oder den Umsatz besonderer Substanzen. Zellorganellen, die von Membranen umgeben und für die Euzyte typisch sind, treten nicht auf. Teile der umhüllenden Membran sind ins Innere eingefaltet, hier findet die Zellatmung statt. Die ebenfalls vorhandenen Ribosomen sind etwas kleiner als diejenigen der Euzyte.

Die Struktur der Zelle

Da ihre Struktur also wesentlich einfacher ist als die Zellstruktur der Eukaryoten, geht man davon aus, dass die Prokaryoten die ursprünglichere, ältere Lebensform darstellen. Man nimmt an, dass die Euzyte aus einer Symbiose (Lebensgemeinschaft zum gegenseitigen Nutzen) zwischen unterschiedlich spezialisierten prokaryotischen Vorläuferorganismen hervorgegangen ist *(vgl. hierzu die ausführlichen Darstellungen zur sogenannten Symbiontentheorie in der mentor Abiturhilfe Evolution)*.

Zu den Prokaryoten gehören auch die **Cyanobakterien**. Sie sind ähnlich aufgebaut wie die Bakterien, allerdings sind sie meist deutlich größer, oft fast so groß wie eukaryotische Zellen. Häufig werden sie auch als Blaualgen bezeichnet, was auf ihre meist blaugrüne Färbung und die Fähigkeit zur Fotosynthese zurückzuführen ist. Ihre Zellmembran ist teilweise nach innen eingefaltet, sodass Thylakoide entstehen; der Vergleich mit den Chloroplasten der pflanzlichen Zellen liegt auf der Hand. Häufig bilden sie fadenförmige Zellkolonien. Viele Arten kommen im Süßwasser und im Boden vor, aber auch an extremen Standorten. Sie zeigen dabei eine hohe Toleranz gegenüber Trockenheit und Kälte und haben die Fähigkeit entwickelt, den Stickstoff der Luft direkt zu verwerten.

Ebenfalls zu den Prokaryoten gehören die **Archaeen**. Sie sind einzellig und von einer

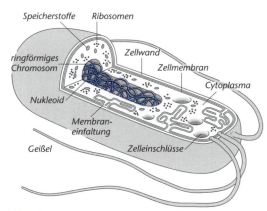

Abb. 26
Schematischer Aufbau einer Bakterienzelle

Zellwand umgeben. Besonders hervorzuheben ist ihre Anpassung an extreme Lebensbedingungen, u.a. an solche, die vermutlich in der Frühzeit der Erdentwicklung geherrscht haben. Sie werden auch als Archaebakterien bezeichnet (vom griechischen archeios für „urtümlich"), da man sie lange Zeit einfach nur für ursprüngliche Bakterien hielt. Genetische Untersuchungen haben allerdings gezeigt, dass Archaeen in bestimmten Genen den Eukaryoten näherstehen und deshalb als eigene Gruppe angesehen werden müssen.

Fazit: Die Unterschiede zwischen pflanzlichen und tierischen Zellen sind wesentlich geringer als zwischen Zellen, die auf der Organisationsstufe der Protozyte stehen und denjenigen, die die Stufe der Euzyte erreicht haben.

! Zellbiologisch gesehen, ist eine Einteilung der Lebewesen in Prokaryoten und Eukaryoten wesentlich grundlegender als eine in Pflanzen und Tiere.

Ao7 Beschreiben Sie kurz die wesentlichen **Unterschiede** zwischen Euzyte und Protozyte.

B Die Dynamik der Zelle

Jeder erwachsene Mensch besteht aus rund 60 Billionen Zellen. Diese Zellen sind durch **Zellteilungen** nach der Befruchtung einer einzigen Eizelle entstanden. Zellteilungen sind jedoch nicht nur für das Wachstum eines Embryos bzw. Menschen erforderlich, auch im Erwachsenenstadium sind ständig weitere Zellteilungen nötig, um den natürlichen Verschleiß zu ersetzen. Das gilt für alle vielzelligen Organismen.

> **Aufgabe**
>
> Bei einem erwachsenen Menschen sterben täglich ca. 2 % der Zellen ab und müssen wieder ersetzt werden. Berechnen Sie die Zahl der Zellteilungen pro Sekunde!

Die Teilungshäufigkeit verschiedenartiger Zelltypen ist dabei unterschiedlich. Nerven- und Skelettmuskelzellen vermehren sich überhaupt nicht mehr; ihr Verschleiß ist sehr gering. Leberzellen erneuern sich normalerweise ein- bis zweimal pro Jahr, manche Darmepithelzellen verdoppeln sich sogar mehrmals pro Tag, um so für die ständige Erneuerung der Darminnenwand zu sorgen. Andere Zellen liegen in ihrem Teilungsverhalten irgendwo zwischen diesen Extremen, können allerdings durch innere Faktoren (Hormone) und äußere Einflüsse zu erhöhten Teilungsfolgen gebracht werden. So löst zum Beispiel Blutverlust eine extreme Vermehrung der Erythrozyten aus.
Kommt die Zellteilung eines Lebewesens beispielsweise durch hohe Dosen ionisierender Strahlen (Radioaktivität) vollständig zum Erliegen, stirbt der Organismus innerhalb weniger Tage. Die Fähigkeit und Durchführung von Zellteilungen stellt damit bei höheren Lebensformen ein Kriterium für „Lebendigsein" dar.

1. Der Zellzyklus

Da alle vielzelligen Lebewesen ursprünglich aus jeweils einer einzigen befruchteten Eizelle (**Zygote***) hervorgegangen sind, muss es einen Mechanismus geben, der die Ver-mehrung der Zellen und damit **Wachstum** ermöglicht.
Die einzelne Zelle löst dieses Problem auf scheinbar sehr einfache Weise, „sie teilt

sich" in zwei **Tochterzellen**. Dieser Vorgang lässt sich bei **Einzellern** gut beobachten: Diese teilen sich „einfach in der Mitte durch" und haben sich damit verdoppelt (*vgl. Kap. E*).

Die Verdopplung der meisten Zellbestandteile bedarf keiner genauen Steuerung. Wenn es von Zellorganellen oder bestimmten Molekülen eine große Anzahl gibt, reicht es in der Regel aus, wenn sich ihre Zahl in jedem Teilungszyklus annähernd verdoppelt und der Zellinhalt bei der Durchtrennung in zwei etwa gleich große Tochterzellen aufgeteilt wird. Das Problem besteht darin, dass die neu gebildeten Zellen auch wirklich das **gleiche Erbgut** wie die Mutterzelle besitzen, also **genetisch identisch** sind.

Deshalb muss die Erbsubstanz (DNA) zunächst verdoppelt und anschließend auf die beiden neuen Zellen exakt verteilt werden. Um dies zu bewirken, ist ein spezieller Mechanismus erforderlich.

Betrachtet man das Leben einer Zelle als eine Abfolge von immer wiederkehrenden Vorgängen, so kann man zwei Zyklen unterscheiden: den **zytoplasmatischen Zyklus** und den **Chromosomenzyklus**.

Der zytoplasmatische Zyklus besteht aus dem **Zellwachstum** – der Vermehrung aller zytoplasmatischen Strukturen – und der **Zytokinese** – der Durchtrennung der Zelle bei der Teilung. Der Chromosomenzyklus besteht ebenfalls aus zwei Phasen, in der **Synthesephase** wird das Erbgut, die DNA, verdoppelt, erst dann folgt die **Mitose***. Sie entspricht dem Vorgang, der letztlich zur Auftrennung und Verteilung des Erbgutes auf die beiden Tochterzellen führt.

Wie wir bereits wissen, ist der Zellkern als deutlich abgegrenzte Struktur im Innern der Zellen schon mit dem Lichtmikroskop gut zu erkennen (*vgl. Kap. A. 3.2.1*). Auch die Zellteilung läßt sich lichtmikroskopisch gut verfolgen; sie stellt ein beeindruckendes Schauspiel dar (*vgl. Abb. 27*).

Abb. 27
Zellen in verschiedenen Mitosestadien (schematisch)

In der Mitose wird die Struktur des Erbgutes sichtbar; der Zellkerninhalt verdichtet sich und kondensiert zu den so genannten **Chromosomen*** (*vgl. Abb. 33*). Durch einen koordinierten Bewegungsablauf wird das Erbgut exakt auf die beiden neu entstandenen Tochterzellen verteilt. Normalerweise schließt sich an diese Verteilung der Chromosomen die **Zytokinese** direkt an; es entstehen zwei neue Zellen.

Im Lebenszyklus einer Zelle stellen Mitose und Zytokinese meist nur einen sehr kurzen Abschnitt dar: die **M-Phase (Mitose-Phase)**.

Die weitaus längste Zeit befindet sich die Zelle im Stadium der sogenannten **Interphase**, die im lichtmikroskopischen Bild ruhig und ereignislos erscheint. Tatsächlich laufen in dieser Phase eine Vielzahl von unterschiedlichen Prozessen ab: Der Kern geht seiner Steuerungsfunktion nach, koordiniert alle physiologischen Vorgänge in der Zelle und bereitet die Zelle auf die nächste Zellteilung vor.

1.1 Die Abschnitte der Interphase

Das Erbgut, die DNA, wird in den meisten untersuchten Zellen nur in einem bestimmten Zeitabschnitt während der Interphase verdoppelt, also repliziert; diese Phase wird als **S-Phase** (Synthese-Phase) bezeichnet.

Zwischen dem Ende der M-Phase mit der vollzogenen Zelldurchtrennung in der Zytokinese und dem Beginn der Synthese-Phase befindet sich die Zelle in einer „Arbeitsphase", der **G_1-Phase** (G = gap; engl. Lücke).

Ein ähnlicher Abschnitt existiert meist auch zwischen dem Ende der S-Phase und dem Beginn der nächsten M-Phase. Dieser Zeitabschnitt wird als **G_2-Phase** bezeichnet.

Die gesamte Interphase, bestehend aus G_1 + S + G_2, macht zeitlich oft mehr als 90 % des Zellzyklus aus. Bei sich schnell teilenden Zellen höherer Lebewesen dauert die M-Phase ca. 1 bis 2 Stunden. In der M-Phase ist das Erbmaterial innerhalb der Chromosomen so stark kondensiert, dass der Zellstoffwechsel nicht gesteuert werden kann – eine RNA-Synthese findet nicht mehr statt.

Besonders die G_1-Phase kann extrem lang sein, die Zellen scheinen dann vollständig zu ruhen und überhaupt keinen Vermehrungszyklus mehr zu durchlaufen.

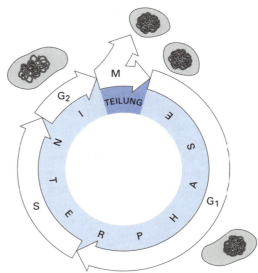

Abb. 28
Die Phasen des Zellzyklus

Aufgabe

B02 In der nachfolgenden Tabelle ist die ungefähre Dauer der einzelnen Phasen des Zellzyklus von einigen Zelltypen aus dem menschlichen Körper aufgelistet.
a) Wovon hängt die Länge der Zellzyklen bei den einzelnen Zelltypen ab?
b) Wie lässt sich dieser Befund erklären?

Zelltyp	Dauer der Phase (in Stunden)				
	Gesamtzyklus	G_1	S	G_2	M
Knochenmark°	13	2	8	2	1
Dünndarm	17	6	8	2	1
Dickdarm	33	22	8	2	1
Haut	1000	989	8	2	1
Leber	10000	9989	8	2	1

° hier werden alle Blutzellen gebildet

Tabelle 5
Ungefähre Dauer der einzelnen Phasen des Zellzyklus bei einigen repräsentativen Zelltypen im menschlichen Körper

1.2 Regelung des Zellzyklus

Vielzellige Organismen können nur existieren, wenn die Zellzyklen nicht beliebig ablaufen, sondern einer Kontrolle unterliegen. Dies hat zur Folge, dass die Vermehrung der einzelnen Zelle eingeschränkt ist und nur bei Bedarf aktiviert wird (*vgl. Kapitel Krebs, in mentor Abiturhilfe Genetik*). In Zellkulturexperimenten wurden Faktoren ermittelt, die den Zellteilungsmechanismus beeinflussen:

- **Wachstumsfaktoren und Nährstoffe**. Fehlen der Zelle wichtige Nährstoffe, findet keine Zellteilung statt. Sind die Zellen optimal mit Nährstoffen versorgt, teilen sich die Zellen trotzdem nur, wenn zusätzlich ein als Wachstumsfaktor bezeichneter Regulatorstoff vorhanden ist. Solche Wachstumsfaktoren werden u.a. von Blutplättchen freigesetzt, die sich in der Nähe einer Wunde befinden. Dadurch werden Zellteilungen bei denjenigen Zellen ausgelöst, die zum Wundverschluss dienen.

- **Zelldichte**. Eine zu hohe Zelldichte wirkt sich hemmend auf weitere Zellteilungen aus. Dies bedingt, dass in Geweben die Anzahl der Zellen annähernd gleich bleibt. Die Abnahme der Zelldichte regt umgekehrt die Zellteilung an. So hat starker Blutverlust zur Folge, dass die Blutzellen verstärkt neu gebildet und teilweise sogar in „unreifem" Zustand in die Blutbahn abgegeben werden. Um Aussagen zur Steuerung des Zellzyklus zu erhalten, benutzt man häufig **Fusionsexperimente**: Dabei werden Zellen durch geeignete chemische Stoffe dazu gebracht, miteinander zu verschmelzen.

Experiment

 Nachweis des S-Phase-Aktivators

Werden zwei Zellen, bei denen sich die eine in der S-Phase und die andere in der G_1-Phase befindet, dazu gebracht zu fusionieren, beginnt der Zellkern der ursprünglichen G_1-Phasenzelle unverzüglich mit der DNA-Synthese; das Erbgut wird verdoppelt.

Hieraus lässt sich schließen, dass die S-Zelle wahrscheinlich über einen Stoff, ein Signal, verfügt, das den G_1-Zellkern dazu veranlasst, seinen Syntheseapparat in Gang zu setzen. Das Auftreten eines solchen Signals, des sogenannten S-Phase-Aktivators, bedingt für eine G_1-Zelle den Übergang in die S-Phase.

Weitere Experimente verdeutlichen, dass nach erfolgter Replikation dieser Aktivator wieder verschwindet. Die Zelle befindet sich dann in der G_2-Phase.

Mit dem oben beschriebenen Experiment ist geklärt, wie die S-Phase in Gang gesetzt wird. Mit ähnlichen Fusionsexperimenten hat man festgestellt, dass bei den Übergängen von einer Phase zur nächsten eine Art „Qualitätsprüfung" stattfindet. Die einzelnen **Kontrollpunkte** können nur dann passiert werden, wenn der vorausgegangene Arbeitsschritt korrekt und vollständig durchgeführt wurde. Als Signale für diese Übergänge dienen – wie im obigen Experiment gezeigt – molekulare Schalter, spezielle Enzyme, die in den Zellen in inaktiver Form vorliegen und durch Regulatorstoffe aktiviert werden, die in der vorausgehenden Zyklusphase entstehen. Erst dann wird die nächste Zyklusphase in Gang gesetzt. Mit Hilfe der Kontrollpunkte ist sichergestellt, dass die einzelnen Phasen in der festgelegten Reihenfolge ablaufen.

Den sogenannten **S-Phase-Aktivator** haben wir schon kennengelernt. Ein weiterer Schalter liegt am Ende der G_2-Phase. Während der M-Phase konnte ein hochwirksamer **M-Phasen-Förderfaktor** (MPF = M-phase-promoting factor) im Zytoplasma festgestellt werden. Ist er vorhanden, wird das Erbgut augenblicklich kondensiert. Es entstehen die einzelnen Chromosomen und die Zellteilung wird vorbereitet, unabhängig davon, ob bereits eine Verdopplung stattgefunden hat, also in welchem Stadium des Zellzyklus der Zellkern ist. Für eine korrekte Zellteilung ist der koordinierte Ablauf allerdings unbedingt notwendig.

Aufgabe

 Erstellen Sie mit Hilfe der obigen Textangaben und von Abbildung 28 ein Schema, welches das Zusammenwirken der Faktoren, die den Zellzyklus steuern und regeln, verdeutlicht!

1.3 Zellalterung

Normale Körperzellen bei höher entwickelten Organismen wie Vögeln und Säugern setzen ihre Vermehrung nicht unbegrenzt fort. Für menschliche Embryonalzellen hat man ca. 50 Zellzyklen als normal ermittelt. Dabei verlaufen die Zellzyklen zum Ende hin immer langsamer und kommen schließlich zum Stillstand. Nach einer entsprechenden „Arbeitsphase" sterben die Zellen dann ab.

Entnimmt man menschliche Bindegewebszellen aus einem Embryo, so durchlaufen diese Zellen in Zellkulturen ca. 60 Zellzyklen, bei Bindegewebszellen eines 40-Jährigen hören die Teilungen nach durchschnittlich 40 Verdopplungen auf, diejenigen eines 80-Jährigen teilen sich nur noch rund 30-mal. Dieses Phänomen wird als Zellalterung bezeichnet.

Bei Tumorzellen sind die Regulationsmechanismen für die Zellteilungen außer Kraft gesetzt. Tumorzellen reagieren nicht mehr auf die entsprechenden Signale, die normalerweise die Zellteilungen unterbinden, in Zellkulturen teilen sie sich deshalb unbegrenzt weiter. Tumorzellen sind dadurch potenziell „unsterblich" (*vgl. Kapitel Krebs in der mentor Abiturhilfe Genetik*).

2. Die Mechanik der Zellteilung – Mitose

Während der M-Phase des Zellzyklus werden die in der S-Phase verdoppelten genetischen Informationen auf zwei Tochterzellen aufgeteilt. Der Vorgang der Verdopplung selbst ist nicht sichtbar. Lichtmikroskopisch ist ein ungeordnetes, gleichmäßig verteiltes fädiges Gewirr, das sogenannte **Chromatingerüst**, zu erkennen.

Die Dynamik der Zelle

Modellhaft können wir uns dieses Gerüst als Knäuel vorstellen, bestehend aus vielen, unterschiedlich langen und unterschiedlich strukturierten Fasern, die völlig durcheinander und entspiralisiert vorliegen; vergleichbar mit einem Wollkügelchen, das man durch Zusammenrollen von zerzausten Wollfäden unterschiedlicher Länge und Farbe gewonnen hat (*vgl. Abb. 29*).

Während der S-Phase ist nun jede einzelne Faser **identisch redupliziert,** d.h. verdoppelt worden. Zu Beginn der M-Phase kommt es zu einer rasch fortschreitenden Verdichtung (Kondensierung) dieser Fasern zu lichtmikroskopisch sichtbaren, fadenartigen Gebilden, den **Chromosomen**.

Nun kann der eigentliche Vorgang der Teilung beginnen. Zur besseren Übersicht hat man den an sich **kontinuierlichen Ablauf** in fünf Phasen eingeteilt (*vgl. Abb. 30 und 31*):

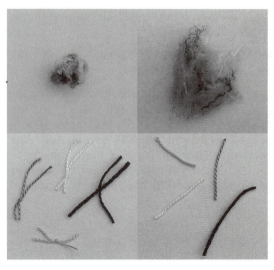

Abb. 29
Modell zum Chromatingerüst

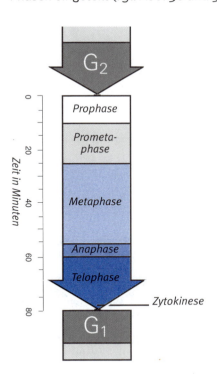

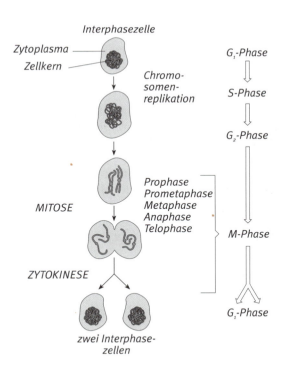

Abb. 30
Der zeitliche Ablauf von Mitose und Zytokinese (M-Phase); die Zeiten variieren bei unterschiedlichen Zelltypen

Abb. 31
Phasen des Zellzyklus: Die M-Phase beginnt am Ende der G_2-Phase und endet mit Beginn der folgenden G_1-Phase

Prophase, Prometaphase, Metaphase, Anaphase, Telophase

Mit der Zytokinese als sechster Phase wird die Teilung abgeschlossen.

Die Verteilung der Chromosomen wird dabei von einer speziellen Zytoskelett-Struktur durchgeführt, die nur in der M-Phase vorübergehend auftaucht, der **Mitosespindel**. Ihre wichtigste Funktion besteht darin, die replizierten Chromosomen exakt auf die beiden neu entstehenden Tochterzellen zu verteilen.

An Hefezellen hat man untersucht, wie zuverlässig diese Verteilung erfolgt: Bei diesen Zelltypen kommt ein „Chromosomenaufteilungsfehler" nur bei EINER von 100 000 Zellteilungen vor.

2.1 Der Mitoseablauf

2.1.1 Prophase

Zu Beginn der Prophase teilt sich das **Centrosom** und wandert zu den Polen. Jedes entstandene Tochtercentrosom wird zum Ausgangspunkt für das Wachstum der **Mikrotubuli**, die sich bald sternförmig, als sogenannte **Polstrahlung**, anordnen und den Mitoseapparat bilden, der zunächst außerhalb des Zellkerns liegt.

Das eine Ende der Mikrotubuli ist dabei an das Centrosom gekuppelt. Mikrotubuli zeigen eine sehr dynamische, sich ständig verändernde Strukur. Sie zerfallen und entstehen immer wieder neu (vgl. Kap. B.2.3 und A.3.2.8).

Nach und nach werden die Chromosomen sichtbar. Ihre Anzahl ist typisch für die jeweilige Art:

- Fruchtfliege   8 Chromosomen
- Erbse   18 Chromosomen
- Katze   34 Chromosomen
- Mensch   46 Chromosomen
- Hund   78 Chromosomen
- Karpfen   104 Chromosomen
- Natternzunge   512 Chromosomen
  (Farnpflanze)

An besonders günstigen Objekten kann man erkennen, dass die jetzt sichtbaren Chromosomen aus zwei **identischen Spalthälften** bestehen, den sogenannten **Chromatiden** (vgl. Abb. 32). Sie sind an der **Spindelfaseransatzstelle** – einer deutlich sichtbaren, charakteristischen Einschnürung – verbunden, die als **Centromer** oder **Kinetochor** bezeichnet wird. Die Chromosomen in dieser Zustandsform werden **Zweichromatidchromosomen** genannt, da sie aus zwei Chromatiden bestehen. Die beiden Chromatiden sind mittels **Kohesinen**, speziellen „Klebeeiweißen", miteinander verklebt.

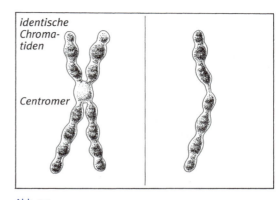

Abb. 32
Schemazeichnung eines Zwei- und Einchromatidchromosoms

2.1.2 Prometaphase

In ihr löst sich die Kernhülle auf und zerfällt in einzelne Membranvesikel.
Die Centrosomen sind mittlerweile an den Zellpolen angekommen und bilden die sogenannten **Spindelpole**.

Die Mikrotubuli des Mitosespindelapparates können nun von den Centrosomen her in den ursprünglichen Zellkernbereich eindringen und mit den Chromosomen in Wechselwirkung treten. Einzelne Mikrotubulistränge verbinden sich mit den Centromeren der Zweichromatidchromosomen.

Die Dynamik der Zelle

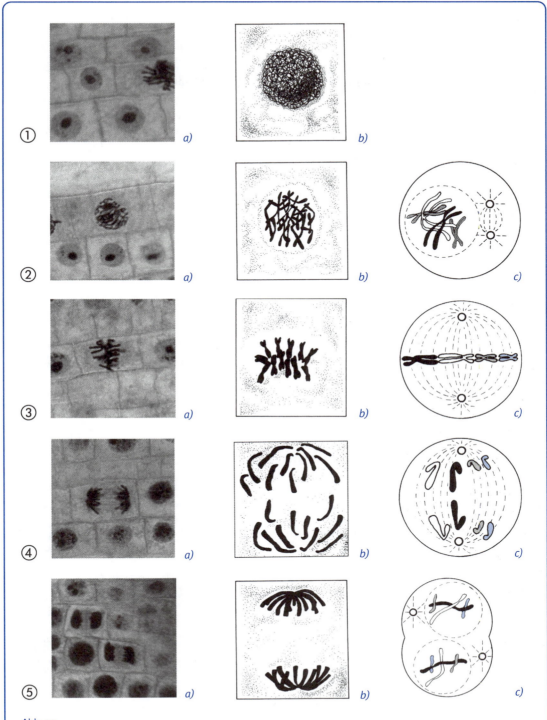

Abb. 33
Mitoseablauf: ① Der Interphasekern ② Die Prophase ③ Die Metaphase ④ Die Anaphase ⑤ Die Telophase
a) Mikrofoto; b) Zeichnung; c) Schema (Zur besseren Anschaulichkeit sind bei der Schemazeichnung jeweils vier unterschiedliche Zweichromatidchromosomen gezeichnet.)

Diese Mikrotubilistränge erstrecken sich von den beiden Schwesterchromatiden aus in entgegengesetzte Richtungen.

Die Chromosomen führen während dieser Phase teilweise heftige Bewegungen aus.

2.1.3 Metaphase

Die **Zweichromatidchromosomen** ordnen sich in der **Mitte der Zelle** zwischen den Spindelpolen in einer Ebene an, der sogenannten **Äquatorialebene** oder **Äquatorialplatte**.

2.1.4 Anaphase

Auf ein Signal hin – wahrscheinlich handelt es sich dabei um einen Anstieg der Ca^{2+}-Konzentration – beginnt sehr plötzlich die Anaphase:

Jedes **Zweichromatidchromosom** wird am Centromer geteilt, indem spezielle **Separasen** (Enzyme) die Kohesine an den Chromosomenarmen und am Centromer abbauen. Die entstehenden **Einchromatidchromosomen** werden mit dem Centromer voran auf die beiden Pole verteilt.
Die Chromatiden bewegen sich alle mit gleicher Geschwindigkeit; sie beträgt etwa 1 μm pro Minute. Die gesamte Wanderung ist schon nach wenigen Minuten abgeschlossen.

2.1.5 Telophase

In der **Telophase*** sind die Chromatiden an den Zellpolen angekommen. Die Einchromatidchromosomen **entspiralisieren** sich und gehen von der lichtmikroskopisch sichtbaren **Transportform** wieder in die scheinbar unstrukturierte Form des **Chromatingerüsts** über. Um die beiden Gruppen von Tochterchromatiden bilden sich die beiden neuen Kernmembranen. **Nukleoli**, die während der Prophase verschwunden sind, bilden sich wieder. Die Mitose ist beendet.

2.2 Die Zytokinese

2.2.1 Furchung

Schon während der späten Anaphase und in der Telophase beginnt die **Furchung,** die nach vollzogener Kernteilung nun den gesamten Zellleib im Bereich der Äquatorialebene durchtrennt und damit zwei neue Zellen entstehen lässt. Diese beiden **Tochterzellen** sind mit der ursprünglichen **Mutterzelle genetisch identisch**. Ein neuer Zellzyklus kann beginnen. Die Furchung wird von einem **kontraktilen Ring** aus Myosin- und Actinfilamenten bewirkt, der sich unmittelbar unter der Plasmamembran ausbildet und die Membran nach innen zieht.

Die großen Zellorganellen wie der Golgi-Apparat und das ER zerfallen während der M-Phase in kleine Einzelstücke, um eine möglichst gleichmäßige Verteilung in der Zytokinese sicherzustellen.

Kern- und Zellteilung sind zwar gekoppelte Vorgänge, aber trotzdem voneinander unabhängig.

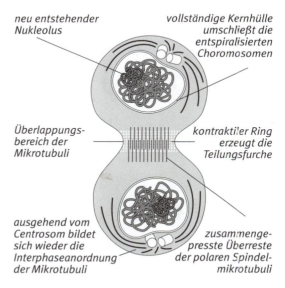

Abb. 34
Cytokinese

Die Dynamik der Zelle

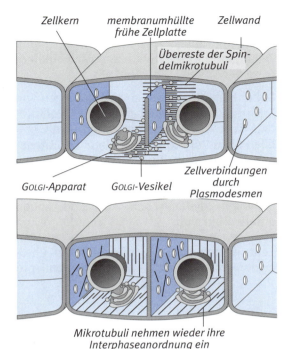

Abb. 35
Zentrifugale Zellwandbildung, schematisch

Nicht immer folgt auf die Kernteilung eine Zellteilung: So können z.B. bei der Fruchtfliege *Drosophila* im Embryonalstadium Zellen mit ca. 6000 Kernen entstehen; erst nachträglich teilt sich das Zytoplasma in entsprechend viele Teile.

2.2.2 Zellwandbildung bei Pflanzen

Da die meisten Zellen der höheren Pflanzen von einer festen **Zellwand** umgeben sind, läuft die Zytokinese hier anders ab als oben für tierische Zellen beschrieben. Es findet kein Abschnüren statt, sondern das Zytoplasma teilt sich, indem zwischen den beiden Tochterzellen, senkrecht zur Teilungsspindel auf Höhe der ursprünglichen Äquatorialebene, eine Zellwand vom Innern der Zelle aus aufgebaut wird (**zentrifugal**). Nur selten kommt es zur **zentripetalen** Zellwandbildung von den Rändern her.

2.2.3 Inäquale Zytokinesen

Die meisten Zellen teilen sich symmetrisch. Dabei verläuft die Furchung immer in Höhe der ursprünglichen Äquatorialebene, im rechten Winkel zur Längsachse der Mitosespindel.

Besonders während der Embryonalentwicklung erfolgt die Teilung allerdings häufig asymmetrisch: Es entstehen dabei zwei Zellen, die sich unterschiedlich weiterentwickeln und zu vollständig verschiedenartigen Zelltypen heranwachsen; die erste Stufe einer Zelldifferenzierung (*vgl. Kap B.3*).

2.3 Theorien zur Chromosomenbewegung

Grundsätzlich gehen alle Theorien zur Mechanik der Chromosomenbewegung davon aus, dass der **Spindelfaserapparat** dabei die zentrale Rolle spielt. Dies lässt sich durch Hemmexperimente auch eindrucksvoll beweisen. Die Erklärungen zum Bewegungsmechanismus selbst haben allerdings nach wie vor hypothetischen Charakter.

2.3.1 Hemmung der Chromosomenbewegung

Durch Behandlung mit Colchicin, niedrigen Temperaturen und hohen hydrostatischen Drücken kann man die Chromosomenbewegung **reversibel hemmen**. Durch die genannten Eingriffe wird der **Aufbau** der Mikrotubuli und damit der Teilungsspindel **gestört**.

Setzt man Zellen, die sich in Teilung befinden, in Taxol oder Schweres Wasser (D_2O), wird der **Zerfall** der Mikrotubuli **verhindert**, d.h. die Spindel wird stabilisiert.

Beide Methoden, sowohl die **Stabilisierung** als auch die **Zerstörung** des Spindelfaserapparates, führen zum gleichen Ergebnis: Die Chromosomen können nicht mehr bewegt werden.

Die Dynamik der Zelle

Die Spindel-Mikrotubuli müssen sich also in einem genau ausbalancierten Zustand von Auf- und Abbauprozessen befinden, um die Chromosomen zu bewegen.

2.3.2 Der Spindelfaserapparat

Wie bereits ausgeführt, besteht die Mitosespindel aus einer Vielzahl von Mikrotubuli, Fasern aus einzelnen Tubulinmolekülen (vgl. Kap. A.3.4). Mikrotubulifasern sind relativ stabil in Längsrichtung und labil bei Querbelastungen. Ihre Dichte und Verteilung innerhalb der sich teilenden Zelle ist sehr unterschiedlich. Zu Beginn der M-Phase befinden sich relativ viele kurze Mikrotubuli in unmittelbarer Umgebung der Centrosomen. Im weiteren Verlauf kommt es zur selektiven Förderung eines Wachstums in Richtung Zelläquator; es entsteht die typisch **bipolare Form** der Spindel (vgl. Abb. 36).

Dabei kommt es auch zu Verbindungen von Mikrotubuli mit unterschiedlicher Polarität (vgl. Kap. A.3.2.8); es entstehen relativ stabile Pol-zu-Pol-Strukturen, eben die **Mitosespindel**. Gleichzeitig existieren weiterhin Tausende von Mikrotubuli, die relativ ungeordnet im Zytoplasma liegen und einem ständigen dynamischen Auf- und Abbau unterworfen sind.

Manche Mikrotubuli heften sich an den Centromeren fest; bei menschlichen Chromosomen etwa 20 bis 40 Mikrotubuli pro

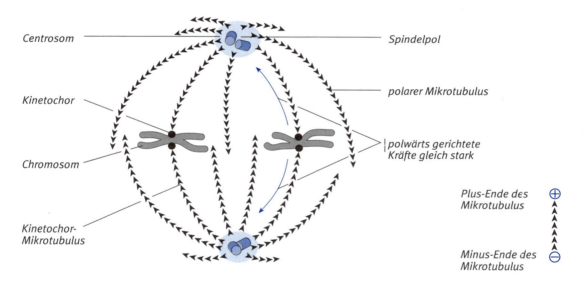

Abb. 36
Die Mitosespindel während der Metaphase der Zellteilung; Kräftegleichgewicht

Centromer. Die Centromere scheinen grundsätzlich eine Steuerungsfunktion zu übernehmen und sich gezielt mit Mikrotubuli unterschiedlicher Pole zu verbinden (vgl. B.2.1.2, Prometaphase).

Die Verbindungen von Mikrotubulifasern mit den Centromeren oder Centrosomen scheinen den Abbau der Mikrotubuli zu verhindern, wodurch besonders die **Kinetochor-Mikrotubuli** – diese erstrecken sich von

Centromer zu Centrosom – eine hohe Stabilität aufweisen.

Die Menge und damit auch Dichte der Mikrotubuli wird um so größer, je näher die Fasern an den Polen liegen.

Experimente mit mikroskopisch dünnen Glasnadeln, mit denen man Chromosomen verschieben kann, haben zusätzlich ergeben, dass die Kraft, die auf die Chromosomen wirkt, proportional zur Länge der angehefteten Mikrotubulifasern ist. Der Zug nimmt also ab, je näher das Chromosom einem Pol kommt.

Die Metaphase stellt somit einen relativ stabilen Zustand dar. Hier existiert ein Gleichgewicht von entgegengesetzt wirkenden Kräften, das die Chromosomen in der Äquatorialebene festhält.

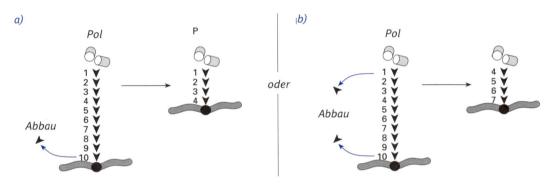

Abb. 37
Verkürzung der Mikrotubulifasern während der Anaphase; a) Abbau vom Centromer her; b) Verkürzung von beiden Enden

2.3.3 Chromosomentrennung

Für die Trennung der Tochterchromatiden in der Anaphase scheinen zwei Prozesse verantwortlich zu sein:

Einerseits verkürzen sich die Kinetochor-Fasern, andererseits weichen die Pole als Ganzes auseinander.

Die **Verkürzung der Kinetochor-Fasern** kommt dadurch zustande, dass sich das Centromer des Einchromatidchromosoms an den Mikrotubuli entlang zum Spindelpol „frisst" und vom Spindelpol her ein gleichzeitiger Abbau stattfindet – an beiden Enden werden also ständig Tubulin-Untereinheiten abgebaut.

Das **Auseinanderweichen der Pole** wird durch einen Aufbau von Pol-zu-Pol-Mikrotubuli bewirkt und zwar offensichtlich von den Zellpolen her.

Die Dynamik der Zelle

3. Zelldifferenzierung

Alle vielzelligen Organismen entwickeln sich jeweils aus einer einzigen, befruchteten Eizelle, der **Zygote**.
Bei dieser Entwicklung – die oft in erstaunlich kurzer Zeit verläuft – teilt sich die befruchtete Eizelle und es entstehen durch entsprechende **Differenzierungsvorgänge** Zellen mit großen Unterschieden in Bau und Funktion.

Am Ende dieses Prozesses steht ein hochentwickelter Organismus (z.B. Blütenpflanze, Wirbeltier, Insekt), bestehend aus mehreren hundert verschiedenen Zelltypen.

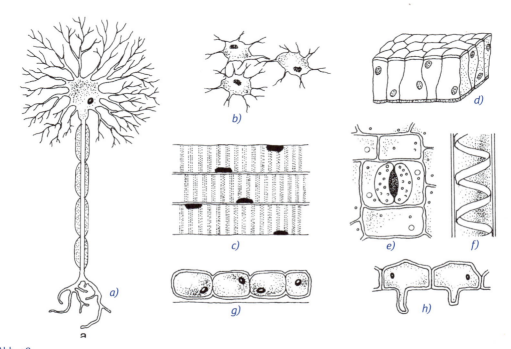

Abb. 38
Beispiele für Zellformen bei Pflanzen und Tieren: a) Nervenzelle; b) Knochengewebszellen; c) Muskelfaser, quergestreift (Ausschnitt); d) Epithelzellen; e) Spaltöffnung; f) Schraubengefäß (Ausschnitt); g) Epidermiszellen; h) Wurzelhaarzellen; alle Abbildungen stark schematisiert

Die Unterschiede in der äußeren Form der Zellen bei gleicher genetischer Ausstattung gehen einher mit einer individuellen Zellausstattung und haben oftmals auch funktionell bedingte Abwandlungen der Zellorganellen zur Folge (z.B. unterschiedlich ausdifferenzierte Kompartimentierung bei Mitochondrien).
Ursache und Entstehung dieser **Verschiedenartigkeit bei** prinzipiell **gleicher genetischer Grundausstattung** ist auf Differenzierungsvorgänge zurückzuführen, die auf den Wirkungen unterschiedlich aktivierter Gene beruhen (*differenzielle Genaktivität; vgl. mentor Abiturhilfe Genetik*).
Wir haben nun nicht das Ziel, uns mit all diesen verschiedenen Zellformen intensiv auseinanderzusetzen. Interessierte sollten hierfür ein spezielles Morphologie- oder Histologiebuch zu Rate ziehen (*vgl. Literaturverzeichnis*).

3.1 Differenzierung pflanzlicher Zellen

Grundsätzlich lässt sich mit steigender **Organisationshöhe** (Algen, Moose, Farn- und Samenpflanzen) auch eine **Zunahme** in der Vielfalt an unterschiedlichen Zelltypen feststellen.

Wie wir schon wissen, nennt man Zellverbände aus gleichartigen Zellen **Gewebe**. Prinzipiell lassen sich hierbei die **Bildungsgewebe** von den **Dauergeweben** unterscheiden:

Das Bildungsgewebe (**Meristem**) besteht aus Zellen, die **teilungsfähig** (**meristematisch**) sind.

Bei der Pflanze finden wir diese Gewebe meist an **Vegetationspunkten** (Wurzel, Spross). Hier werden fortlaufend neue Zellen gebildet, die zum Wachstum des gesamten Organismus beitragen.

Entsprechend ihrer Funktion sind meristematische Zellen in dem hier besprochenen Sinn **kaum differenziert,** sie sind vielmehr **ursprünglich** und ermöglichen erst die Differenzierung in die eine oder andere Richtung. Ihre Zellen sind relativ „würfelförmig" (isodiametrisch), haben dünne Zellwände und kaum Zellsaftvakuolen. Oft lassen sich in ihnen schon mit dem Lichtmikroskop Zellteilungsstadien beobachten (Wurzelspitzen der Küchenzwiebel stellen hierfür ein fruchtbares Untersuchungsobjekt dar).

Diesen relativ wenig differenzierten Zellen der Bildungsgewebe stehen die **ausdifferenzierten** Zellen der **Dauergewebe** gegenüber. Diese haben in der Regel mit ihrer Differenzierung die Teilungsfähigkeit verloren.

Die **Epidermis**, ein Abschlussgewebe, haben wir schon kennengelernt. Epidermen begrenzen die Organe untereinander und zur „Außenwelt" hin. Ihre Zellen besitzen meist große Zellsaftvakuolen und deutlich verdickte Außenwände, die oft zusätzlich mit einer sogenannten **Kutikula*** bedeckt sind. Dieser Überzug ist weitgehend wasserundurchlässig und dadurch verdunstungshemmend; er besteht aus der wachsartigen Substanz Cutin.

In den Wurzelhaarzonen der Wurzeln kommen auch sehr dünnwandige Epidermiszellen vor, die über lange, dünn ausgezogene **Wurzelhaare** verfügen; diese Zellen dienen speziell der **Aufnahme von Wasser und** den darin gelösten **Nährsalzen**.

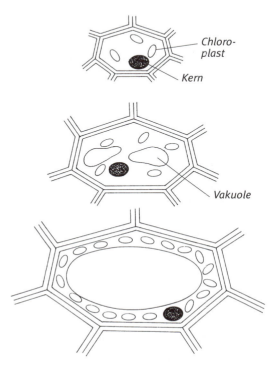

Abb. 39
Zelldifferenzierung schematisch

Die Epidermen schließen das **Grundgewebe** oder **Parenchym** ein. Dieses Parenchym kann je nach Funktion sehr unterschiedlich ausdifferenziert sein:

- als **Speicherparenchym,** wenn es z.B. in Wurzelbereichen zur Speicherung von **Stärke** dient,
- als **Assimilations-** oder **Palisadenparenchym,** wenn es in den Blättern die Grundlage für **fotosynthetische Prozesse** darstellt,
- als **Schwammparenchym,** wenn es in den Blättern am **Gasaustausch** teilnimmt.

Die Dynamik der Zelle

Im Parenchym eingebettet liegt das **Stütz-** oder **Festigungsgewebe**, das **Sklerenchym**. Es besteht aus lang gestreckten, meist abgestorbenen Zellen mit oft extrem verdickten Zellwänden unterschiedlichster Form.

3.2 Differenzierung tierischer Zellen

Auch die Organe des tierischen Organismus sind untereinander und zur Außenwelt hin durch ein Abschlussgewebe begrenzt. Man nennt es **Deckgewebe** oder **Epithel**.

Häufig ist den Epithelzellen eine zusätzliche **Kutikula** nach außen hin aufgelagert (Hornbildungen, Kalkschalen).

Entsprechend seiner oft sehr verschiedenen Aufgaben kann das Deckgewebe ein- oder mehrschichtig sein und die unterschiedlichsten Ausdifferenzierungen zeigen (z.B. als Darmepithel, um die verdauten Stoffe zu resorbieren).

Dem Parenchym des pflanzlichen Organismus entspricht das **Bindegewebe** beim Tier.

Auch das **Knorpel-** und **Knochengewebe**, das als **Stützgewebe** dient, entsteht entwicklungsphysiologisch (von seiner Herkunft) betrachtet aus diesem Bindegewebe, ebenso die **Bänder** und **Sehnen**, die auf Zugfestigkeit hin ausgelegt sind.

Das **Muskelgewebe** (quergestreift, glatt) besteht aus lang gestreckten Muskelzellen, die in ihrem Zytoplasma eine Vielzahl von **Fibrillen** aufweisen.
Die Zellen des **Nervengewebes** sind durch verzweigte Fortsätze gekennzeichnet und stehen in enger Beziehung zu den unterschiedlich ausdifferenzierten Zellen der Sinnesorgane.

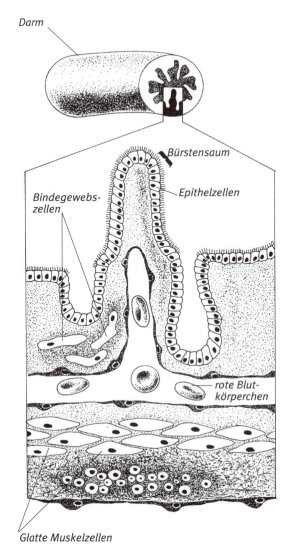

Abb. 40
Die wichtigsten Zelltypen im Darm von Säugetieren (rote Blutkörperchen zusätzlich vergrößert)

Die Dynamik der Zelle

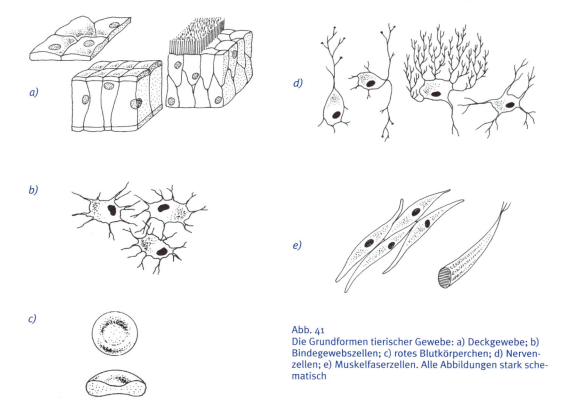

Abb. 41
Die Grundformen tierischer Gewebe: a) Deckgewebe; b) Bindegewebszellen; c) rotes Blutkörperchen; d) Nervenzellen; e) Muskelfaserzellen. Alle Abbildungen stark schematisch

4. Programmierter Zelltod (Apoptose)

Bis vor Kurzem galt z.B. das Absterben von Hautzellen beim Sonnenbrand als typisches Beispiel für einen Vorgang, der als **Nekrose*** bezeichnet wird. Dabei gehen Zellen durch äußere Einflüsse wie Verbrennungen, Vergiftungen, mechanische Verletzungen, Sauerstoffmangel oder durch Strahleneinwirkung zugrunde. Das typische Kennzeichen ist ein **Anschwellen** der Mitochondrien und der gesamten Zellen, bis sie schließlich platzen. Dadurch werden Stoffe aus dem Zytoplasma freigesetzt, die Makrophagen und andere Zellen des Immunsystems anlocken, die eine **Entzündungsreaktion** hervorrufen, von der mitunter auch das angrenzende gesunde Gewebe betroffen sein kann (vgl. Abb. 42 links).

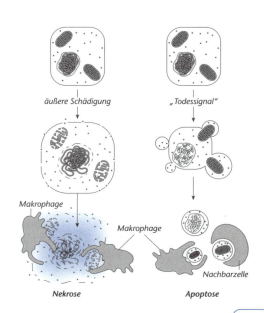

Abb. 42
Nekrose und Apoptose

Neben dem nekrotischen Zelltod kennt die Forschung eine weitere Variante, der lange Zeit wenig Beachtung geschenkt wurde. Inzwischen gilt der **programmierte Zelltod** (**Apoptose***) als eine der wichtigsten Entdeckungen des 20. Jahrhunderts, und das hat vor allem zwei Gründe:

- Ohne Apoptose ist Leben unmöglich. Der menschliche Körper wird in der Embryonalentwicklung vor allem durch kontrollierten Zellselbstmord geformt. Außerdem sterben täglich auf diese Weise zehn Milliarden unserer Körperzellen, beispielsweise unbrauchbare Zellen im Immunsystem oder im Darm.

- Zahlreiche schwere Erkrankungen werden durch fehlgesteuerte Apoptose verursacht und zwar in vergleichsweise einfacher Hinsicht: Es gibt entweder „zu viel" oder „zu wenig" Apoptose.

Im Gegensatz zur Nekrose **schrumpfen** Zellkern, Mitochondrien und Zellplasma beim programmierten Zelltod. Dabei bleibt die Zellmembran unbeschädigt, weshalb auch keine Entzündungsreaktion einsetzt. Durch die Verminderung des Zellvolumens verliert die Zelle den Kontakt zu ihren Nachbarzellen. Gleichzeitig bilden sich Ausstülpungen und Bläschen an der Zellmembran.

Eine typische Erscheinung dieser Phase ist die Verdichtung und Zerstückelung des Chromatins. Unter der Einwirkung apoptosespezifischer Enzyme (Endonukleasen) wird die gesamte DNA in verschieden lange Bruchstücke zerlegt. Schließlich schnüren sich membranumschlossene Vesikel – sogenannte apoptotische Körperchen – von der Zelle ab, die entweder von Nachbarzellen oder von Makrophagen aufgenommen werden, bis sich schließlich die gesamte Zelle auf diese Weise aufgelöst hat (Abb. 42 rechts).

Die **Auslöser** des programmierten Zelltods sind so vielfältig wie die physiologischen Funktionen, die der Zellselbstmord in verschiedenen Organismen, Geweben und Entwicklungsstadien erfüllt. Zu den apoptosestimulierenden Signalen gehören verschiedene Chemikalien, die entweder Zellen direkt schädigen (z.B. freie Radikale) oder sie unter Stress setzen (z.B. Glukocorticoide). Zellschädigung durch verschiedene Arten von Strahlung kann ebenfalls zu programmiertem Zelltod führen. Killerzellen des Immunsystems (*vgl. Kapitel F*) setzen Faktoren frei, die in der Regel zur Apoptose der angegriffenen Zellen (z.B. Krebszellen) führen. Andere Signalstoffe des Immunsystems (z.B. einige Interleukine) und einige Wachstumsfaktoren verhindern normalerweise die Aktivierung des Selbstmordprogramms, das ohne ihre Anwesenheit dann zwangsläufig eingeleitet wird.

Externe Auslöser aktivieren den programmierten Zelltod über einen Signalweg, an dem sogenannte „**Todesrezeptoren**" beteiligt sind. Es handelt sich um Membranproteine, die in vielen tausend Exemplaren in der Zellmembran der meisten Körperzellen vorkommen. Bei Bindung eines „Todesfaktors" lagert sich die intrazelluläre Todesdomäne des Rezeptors mit weiteren Proteinen im Zellplasma zu einem Signalkomplex zusammen, der seinerseits eine Gruppe von Enzymen aktiviert, die als **Caspasen** bezeichnet werden. Eine aktivierte Caspase löst dann eine Kaskade aus, durch die – ganz ähnlich wie bei der Blutgerinnung – weitere Enzyme aktiviert werden, die schließlich Reaktionen einleiten (wie beispielsweise den Abbau des Chromatins), welche letztlich zum programmierten Tod der Zelle führen.

Bei **internen Auslösern** (z.B. Zellschäden) spielen die Mitochondrien eine zentrale Rolle. Viele apoptoseauslösende Signale führen zum Austritt von Zytochrom c, einem Bestandteil der inneren Mitochondrienmembran, ins Zellplasma. Zytochrom c bildet dort mit weiteren Auslösefaktoren ebenfalls einen Komplex, der Caspasen aktiviert.

Die **Aktivierung der Caspasen** ist offensichtlich in allen Fällen von Apoptose der entscheidende Schritt, der unumkehrbar den Zelltod einleitet. Allerdings unterliegt die Caspasen-Aktivierung in allen Zellen einer strengen Kontrolle durch Proteine einer übergeordneten Ebene, die sowohl apoptosefördernd als auch apoptosehemmend wirken können. In der Regel sorgt ein fein abgestimmtes Gleichgewicht zwischen den gegensätzlich wirkenden Kontroll-Proteinen dafür, dass die Caspasen inaktiv bleiben. Eine Verschiebung des Gleichgewichts zugunsten der apoptosefördernden Proteine aktiviert die Caspasen und führt damit zum Zelltod. Umgekehrt kann aber eine Verschiebung des Gleichgewichts zugunsten der apoptosehemmenden Proteine zu einer unkontrollierten Zellteilung und damit zur Krebsentstehung beitragen (vgl. mentor Abiturhilfe Genetik).

Ursprünglich hatte der programmierte Zelltod vermutlich die ausschließliche **Funktion**, Zellen zu beseitigen, die mit Krankheitserregern infiziert sind. Die infizierten Zellen töten sich so rechtzeitig, dass die Nachbarzellen vor einer Infektion geschützt bleiben. Dieses selbstmörderische Verhalten findet sich bereits bei Bakterien, die mit Bakteriophagen infiziert sind.

Bei den **Vielzellern** hat der programmierte Zelltod viele andere Funktionen übernommen. So werden im Rahmen der Embryonalentwicklung Gewebe ausgebildet, die vorübergehend Stütz- oder andere Hilfsfunktionen ausüben und dann wieder beseitigt werden (vgl. Abb. 43). Von den Nervenzellen, die bei der Entwicklung des Nervensystems zunächst gebildet werden, gehen über die Hälfte wieder zugrunde, wenn sie mit benachbarten Neuronen keinen Kontakt hergestellt haben.

Beim erwachsenen Menschen entstehen durch Mitose in jeder Sekunde etwa 10 000 neue Zellen, und eine ähnliche Anzahl wird durch Apoptose wieder entfernt. Auf diese Weise trägt der programmierte Zelltod zu einem regulierten Gleichgewicht zwischen Zellneubildung und Zellsterben bei – insbesondere in sich ständig regenerierenden Geweben wie den oberen Hautschichten oder dem Darmepithel.

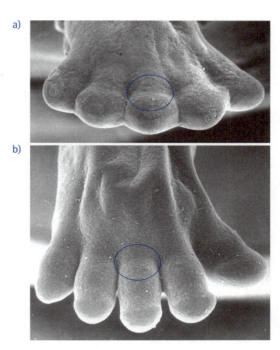

Abb. 43
Rasterelektronenmikroskopische Aufnahmen vom Fuß eines menschlichen Embryos (a) im Alter von 52 Tagen, (b) im Alter von 57 Tagen

An der **Kontrolle** des programmierten Absterbens von Zellen, deren DNA beschädigt wurde, ist ein Gen beteiligt, das als Tumorsuppressor-Gen bekannt ist (p53). Das von diesem Gen gebildete Protein P53 ist ein Kontrollprotein im Zellzyklus, das die in der S-Phase verdoppelte DNA auf Vollständigkeit überprüft. Bei Schäden an der DNA wird vermehrt P53 hergestellt, das den Übergang in die M-Phase blockiert (vgl. Kap. B.1). Gleichzeitig werden Reparaturmechanismen aktiviert, durch die der Schaden beseitigt werden soll. Ist er allerdings nicht mehr zu reparieren, wird durch P53 das Gen für ein apoptoseförderndes Protein aktiviert, das den programmierten Zelltod einleitet. Dadurch wird normalerweise verhindert, dass sich Zellen mit mutierter DNA (z.B. Krebszellen) weiter teilen und vermehren.

Ist allerdings P53 selbst von solchen Mutationen betroffen, unterbleibt das Signal zur Apoptose und die Zellen vermehren sich ungehindert. Genau das scheint bei etwa der Hälfte aller menschlichen Krebserkrankungen (in Lunge, Dickdarm und Brust) der Fall zu sein.

Auch die Entstehung von **Hautkrebs** lässt sich auf diese Weise erklären. Normalerweise sterben Hautzellen, deren DNA durch Sonnenstrahlung geschädigt wurde, auch durch Apoptose ab. Zellen, in denen durch einen früheren Sonnenbrand das P53-Gen mutiert ist, bleiben vom programmierten Zelltod verschont, auch wenn deren DNA durch die erneute Strahleneinwirkung stark verändert wird. Diese Zellen werden durch die erneute Sonnenexposition sogar selektiert. Da die Zellen mit intaktem P53-Gen auf die übermäßige Strahlendosis mit ihrem Untergang reagieren, entstehen Gewebslücken, die durch die zur Apoptose unfähigen Zellen aufgefüllt werden. Dadurch begünstigt jeder Sonnenbrand zugleich auch die Vermehrung von Zellen, die zu Hautkrebs führen können.

Tumore sind nicht die einzigen **Krankheiten**, die auf „zu wenig" Apoptose zurückgeführt werden. Auch Autoimmunkrankheiten, wie die rheumatoide Arthritis, beruhen vermutlich auf mangelhaftem „Selbstmord" von T-Zellen, die körpereigenes Gewebe angreifen.

Dagegen scheint die Gewebezerstörung bei Virusinfektionen – einschließlich des Massensterbens von T-Helferzellen bei einer HIV-Infektion – auf „zu viel" Apoptose zu beruhen. Auch bei degenerativen Gehirnerkrankungen wie Alzheimer oder Parkinson sterben Nervenzellen durch „zu viel" Apoptose ab. Die Arteriosklerose und verschiedene Erkrankungen des Herzmuskels werden ebenfalls mit „zu viel" Apoptose in Verbindung gebracht.

5. Zusammenfassung

Alle vielzelligen Lebewesen gehen aus **einer** befruchteten Eizelle hervor. Durch Zellteilungen kommt es zur **Vermehrung** dieser einen Zelle, es entsteht der vielzellige Organismus.

Zusätzlich sind Zellteilungen erforderlich, um den ständigen **Verbrauch und Verschleiß** von Zellen zu ersetzen.

Die Verdopplung und Verteilung aller Zellbestandteile erfordert eine genaue, koordinierte Steuerung und Regelung. Die Gesamtheit dieser Prozesse wird als **Zellzyklus** bezeichnet.

Grundsätzlich lassen sich zwei Prozesse unterscheiden: der **zytoplasmatische Zyklus**, in dem alle Strukturen vermehrt werden und die Zelle durchtrennt wird, und der **chromosomale Zyklus**, in dem das Erbgut verdoppelt und auf die Tochterzellen verteilt wird.

Im Zellzyklus kann man folgende Phasen unterscheiden:

- **Die G_1-Phase** (von engl. gap = Lücke): Zu Beginn befindet sich die Zelle in der „**Arbeitsphase**", die Zellbestandteile werden ergänzt; sie ist **stoffwechselaktiv**.
- **Die S-Phase**: In ihr wird das Erbgut verdoppelt, **identisch redupliziert**.
- **Die G_2-Phase**: Sie stellt die Lücke zwischen der S-Phase und der anschließenden M-Phase dar; oft sehr kurz.
- **Die M-Phase**: Hier findet die **Verteilung der Chromosomen** statt. Sie endet in der Regel mit der vollständigen Durchtrennung der Zelle, der **Zytokinese**.

Mit Hilfe von **Fusionsexperimenten** konnten die einzelnen Phasen klar charakterisiert werden; chemische Signale lösen den Beginn aus: S-Phase-Aktivator, M-Phase-Förderfaktor.

Die **Mitose** wird in fünf Abschnitte eingeteilt: **Prophase, Prometaphase, Metaphase, Anaphase** und **Telophase**. Den Abschluss bildet dann die **Zytokinese**. Aus **einer Mutterzelle** sind **zwei genetisch gleiche Tochterzellen** entstanden.

Zur Mechanik der **Chromosomenverteilung** existieren unterschiedliche hypothetische Vorstellungen: Grundsätzlich wird dem **Spindelfaserapparat,** der aus einer Vielzahl von **Mikrotubuli** besteht, die zentrale Rolle zuerkannt. Durch Störungen, die sich auf den Auf- und Abbau der Mikrotubuli auswirken, wird die Bewegung der Chromosomen gehemmt.

Die **Abbautheorie** geht von einer gezielten und gerichteten Verkürzung der Mikrotubulifasern aus; das Centromer des Chromosoms „frisst" sich an den Mikrotubuli entlang zum Pol.

Die Ausbildung verschiedener Gewebeformen ermöglicht dem Organismus **Differenzierung** (das entspricht einer Spezialisierung von der **Form** her) und **Arbeitsteilung** (das entspricht einer Spezialisierung von der **Funktion** her). Demzufolge nimmt mit der **Vielfältigkeit** der Gewebetypen die **Organisationshöhe** des Organismus zu.

Wenn Zellen nicht mehr gebraucht oder beschädigt werden, wird der programmierte Zelltod durch **Apoptose** ausgelöst. Dabei schrumpfen die Zellen und lösen sich durch Bildung von Ausstülpungen und Bläschen völlig auf. Aktiviert wird das Selbstmordprogramm durch externe oder interne Auslöser, die über spezielle Enzyme (Caspasen) Reaktionen einleiten, die zum programmierten Zelltod führen. Verschiedene Erkrankungen beruhen entweder auf übermäßiger oder unzureichender Apoptose.

Chemie der Bau- und Inhaltsstoffe

1. Grundlagen der Chemie der Zelle

Alle lebenden Zellen sind aus nur wenigen chemischen Elementen zusammengesetzt, von denen wiederum nur vier Elemente den Hauptanteil ausmachen:

Wasserstoff (H), **Kohlenstoff** (C), **Sauerstoff** (O) und **Stickstoff** (N).

Durch **chemische Verbindungen** zwischen diesen Elementen entsteht eine ebenfalls begrenzte, allerdings sehr große Zahl verschiedener Moleküle.

Diese Moleküle können sehr klein sein und aus nur wenigen Atomen bestehen, wie z.B. **Sauerstoff** (O_2) in der Luft, **Kohlenstoffdioxid** (CO_2) oder **Ammoniak** (NH_3).

Die häufigste Substanz, die in lebenden Zellen vorkommt, gehört zu diesen sehr kleinen Molekülen: **Wasser** (H_2O) macht etwa 70% des Zellgewichts aus *(vgl. Tabelle 6)*.
Das ist insofern nichts Ungewöhnliches, als sich vermutlich das Leben, wie wir es kennen, in den Ur-Meeren entwickelte, und diese Voraussetzung hat die „Chemie des Lebens" nachhaltig geprägt.

Die Eigenschaften fast aller Moleküle, aus denen eine Zelle aufgebaut ist oder die eine spezifische Aufgabe in einer Zelle erfüllen, sind ohne die besonderen **physikalischen Eigenschaften** des Wassers, z.B. seinen polaren Charakter, nicht denkbar. Wir werden auf diesen Zusammenhang später noch zurückkommen.

Wenn auch das Wasser den Hauptteil des Zellgewichts ausmacht, so ist es doch nur das **Milieu**, in das die anderen Zellbestandteile eingebettet sind. Und das sind im wesentlichen **Kohlenstoffverbindungen**.

Das **Kohlenstoffatom** (C) unterscheidet sich von den anderen Elementen dadurch, dass es mit seinen **vier Außenelektronen** Bindungen mit anderen Atomen eingehen und dadurch sehr große Moleküle bilden kann.
Verbindet es sich mit anderen Kohlenstoffatomen, so entstehen **Ketten** und **Ringe**, deren Länge, Größe und Zusammensetzung theoretisch unbegrenzt ist.

Allerdings ist tatsächlich nur eine begrenzte Anzahl dieser theoretisch möglichen Verbindungen in lebenden Zellen zu finden. Mehr noch: Es sind nur einige wenige einfache Kombinationen von Atomen, die in den biologisch relevanten Molekülen vorkommen und die das physikalische und chemische Verhalten dieser Moleküle prägen.

Es sind dies die sogenannten **funktionellen Gruppen**, wie z.B. die Hydroxyl(-OH)-, die Carboxyl(-COOH)- oder die Amino(-NH_2)-gruppe.
Durch die Kombination unterschiedlich langer Kohlenstoffketten und -ringe mit diesen funktionellen Gruppen ergibt sich eine große, aber dennoch begrenzte Palette kleiner organischer Zellmoleküle, die sich nach ihren chemischen Eigenschaften in vier Gruppen unterteilen lassen:

Chemie der Bau- und Inhaltsstoffe

- die **Zucker**,
- die **Fettsäuren**,
- die **Aminosäuren**,
- die **Nukleotide**.

Wenn auch nicht alle chemischen Verbindungen, die in lebenden Zellen vorkommen, diesen vier Gruppen zugeordnet werden können, so bilden doch sie und die aus ihnen aufgebauten **Makromoleküle*** – also die **Polysaccharide**, die **Fette** (**Lipide**), die **Proteine** und die **Nukleinsäuren** – einen sehr hohen Anteil der Zellmasse:

Verbindung	Prozent des Zell-Gesamtgewichtes	
	E. Coli-Bakterium	Säugetierzelle
H_2O	70	70
Anorganische Ionen (Na^+, K^+, Mg^{2+}, Ca^{2+}, Cl^- etc.)	1	1
verschiedene kleine Moleküle	3	3
Proteine	15	18
RNA	6	1.1
DNA	1	0.25
Phospholipide	2	3
andere Lipide	–	2
Polysaccharide	2	2

Tabelle 6
Die ungefähre chemische Zusammensetzung einer Bakterienzelle und einer Säugetierzelle

Da die Nukleotide und die aus ihnen aufgebauten **Nukleinsäuren** in der *mentor Lernhilfe Genetik* behandelt werden, stellen wir im Folgenden die anderen drei Gruppen vor.

2. Zucker – die Nährstoffmoleküle der Zelle

Die einfachsten Zucker, die **Monosaccharide**, sind formal gesehen Wasserverbindungen (**Hydrate**) unterschiedlich langer Kohlenstoffketten, allgemein ausgedrückt: $(CH_2O)_n$, wobei n eine Zahl von 3 bis 7 sein kann. Daher stammt auch die ursprüngliche Bezeichnung dieser Gruppe: **Kohlenhydrate**.

Entsprechend der Zahl der Kohlenstoffatome unterscheidet man **Triosen** (mit 3 C-Atomen), **Pentosen** (mit 5 C-Atomen) und **Hexosen** (mit 6 C-Atomen).

Innerhalb jeder Untergruppe gibt es mehrere **Isomeren**, d.h. Moleküle mit der gleichen Anzahl an C-, H- und O-Atomen, die aber jeweils unterschiedlich angeordnet sind.

So gibt es unter den Hexosen mit der Summenformel $C_6H_{12}O_6$ zwei biologisch wichtige Isomere: die **Glukose** (**Traubenzucker**) und die **Fruktose** (**Fruchtzucker**, *vgl. Abb. 48*):

Chemie der Bau- und Inhaltsstoffe

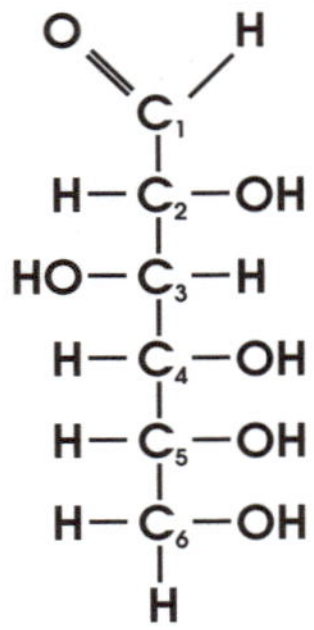

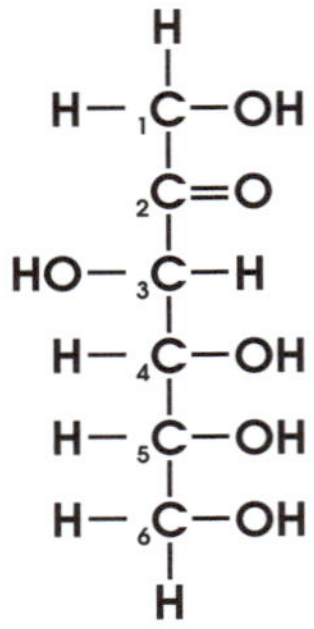

Abb. 48
Strukturformel von a) Glukose und b) Fruktose

In dieser gestreckten Form treten die Moleküle allerdings nicht auf. Das doppelt gebundene Sauerstoffatom reagiert innerhalb des Moleküls weiter. Dabei kommt es zu einer **Ringbildung**:

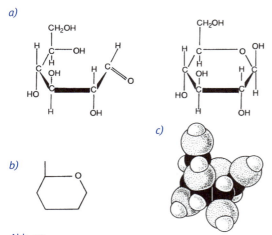

Abb. 49
Strukturformeln von Glukose: a) Bildung der Ringform; b) die symbolische Darstellung; c) das Kalottenmodell

Solche einfachen Zuckermoleküle können sich über ihre **Hydroxylgruppen** unter **Austritt von Wasser** miteinander verbinden und **Disaccharide** bilden.
Das biologisch wichtigste Disaccharid ist die **Saccharose** – der Rohr- oder Rübenzucker, der in all unseren süßen Lebensmittel enthalten ist:

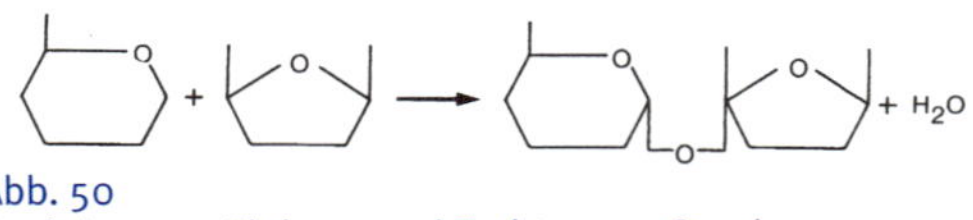

Abb. 50
Reaktion von Glukose und Fruktose zu Saccharose

Durch Hinzufügen weiterer Zuckermoleküle ergeben sich **Oligosaccharide** mit zunehmender Länge, die ab 10 Moleküleinheiten als **Polysaccharide** bezeichnet werden.

Dazu gehören biologisch so wichtige Riesenmoleküle wie **Stärke** und **Glykogen,** die in Pflanzen und Tieren als Reservestoff gespeichert werden, oder aber die **Zellulose**, aus der die pflanzliche Zellwand aufgebaut ist.
Da jedes Zuckermolekül über mehrere freie Hydroxylgruppen verfügt, die Verbindungen mit weiteren Monosacchariden (oder anderen Molekülen) eingehen können, treten **Polysaccharide vielgestaltig** auf.
Der pflanzliche Reservestoff **Stärke** kommt beispielsweise in **zwei Formen** vor: als Amylose und Amylopektin.
Amylose ist ein schraubig gewundenes Kettenmolekül aus etwa 200-300 Glukosemolekülen (vgl. Abb. 51 a).
Amylopektin besteht auch aus Glukoseketten, ist aber verzweigt (vgl. Abb. 51 b).
Glykogen, der tierische Reservestoff, entspricht im Aufbau sehr dem Amylopektin, ist aber noch stärker verzweigt.

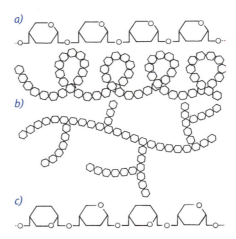

Abb. 51
Molekulare Struktur von a) Amylose; b) Amylopektin; c) Zellulose; schematisch

Die Vielfalt der Polysaccharide, in denen fast nur ein einziger Baustein – nämlich Glukose – in Ketten zusammengebaut ist, kommt also ausschließlich durch die **Art der Verknüpfung** der Glukosemoleküle zustande.

So ist z.B. **Zellulose**, die wichtigste Gerüstsubstanz pflanzlicher Zellwände, eine lange, unverzweigte Kette aus etwa 10 000 Glukosemolekülen, die aber etwas anders miteinander verknüpft sind als in der Amylose (vgl. Abb. 51 c). Dieser scheinbar geringfügige Unterschied hat aber entscheidende biologische **Konsequenzen**: z.B. können wir Menschen Zellulose nicht als Nahrungsquelle nutzen, während anderen Organismen dies sehr wohl möglich ist.

Fast alle Zucker dienen in lebenden Zellen zur **Energiegewinnung** und **Energiespeicherung**. Dabei spielt wieder die Glukose die Hauptrolle. Sie wird in allen Zellen über eine Reihe **oxidativer Reaktionen** schließlich zu Kohlendioxid (CO_2) und Wasser (H_2O) abgebaut. Die dabei frei werdende Energie wird in Form von ATP gespeichert. (*Genaueres dazu in der mentor Abiturhilfe Stoffwechsel.*)

3. Fettsäuren – die Baustoffe für Membranen

Fettsäuren sind unterschiedlich lange Kohlenwasserstoffketten mit einer **Carboxylgruppe**, allgemein $CH_3\text{-}(CH_2)_n\text{-}COOH$, wobei n nur geradzahlig vorkommt.

Neben der Länge der Kohlenstoffkette unterscheiden sich die verschiedenen Fettsäuren in Zahl und Stellung der **Doppelbindungen**, die sie enthalten.

Fettsäuren mit Doppelbindungen bezeichnet man als **ungesättigt** und die ohne Doppelbindungen als **gesättigt** (vgl. Abb. 52).
Die Carboxylgruppe der Fettsäuren ist sehr **reaktionsfreudig**, was dazu führt, dass Fettsäuren fast immer an andere Moleküle **gebunden** vorkommen.
Sehr häufig findet man **Verbindungen** von ein, zwei oder drei Fettsäuremolekülen mit einem Molekül **Glycerin**. Diese Gebilde nennt man **Mono-, Di-** oder **Triglyceride** (vgl. Abb. 53).
In dieser Form dienen die Fettsäuren als hochwertige **Nährstoffe**, da sie ebenfalls

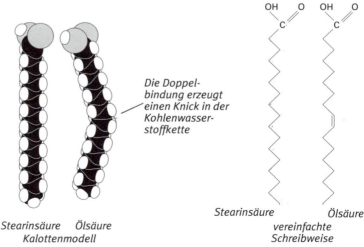

Die Doppelbindung erzeugt einen Knick in der Kohlenwasserstoffkette

Stearinsäure (C_{18})   Ölsäure (C_{18})   Stearinsäure   Ölsäure
Kalottenmodell

Stearinsäure   Ölsäure
vereinfachte Schreibweise

Abb. 52
Beispiel einer gesättigten und einer ungesättigten Fettsäure

über eine Reihe oxidativer Reaktionen zu CO_2 und H_2O abgebaut werden können, wobei mehr als doppelt soviel ATP gewonnen wird als durch den Glukoseabbau.

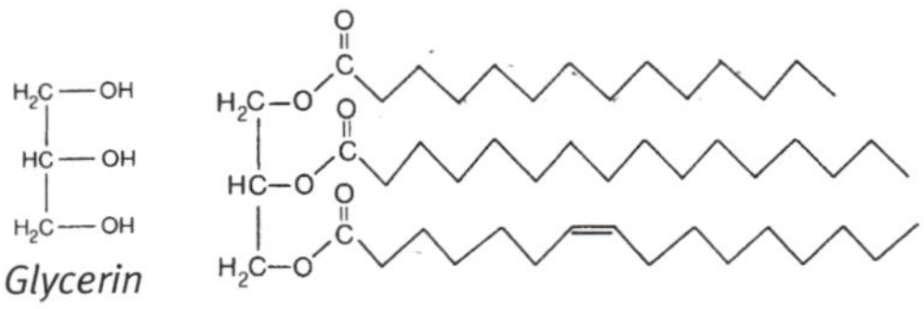

Abb. 53
Beispiel eines Triglycerids

Die Fettsäuren eignen sich deshalb hervorragend als **Energiespeicher** und werden in unserem Körper zu diesem Zweck – und zum Leidwesen vieler Zeitgenossen – in einem besonderen **Fettgewebe** deponiert.

Die weitaus wichtigste **Aufgabe** der Fettsäuren ist ihre Beteiligung am **Aufbau** aller **Membranen** einer Zelle. Das wird im nächsten Kapitel genauer erläutert.

Hier sei nur vorweggenommen, dass Fettsäuren nicht nur mit Glycerin, sondern auch mit anderen Molekülen Verbindungen eingehen, die dann als **Lipide** bezeichnet werden. Die wichtigste Gruppe sind die **Phospholipide**, die den Hauptbestandteil aller Membranen bilden.

Als weitere Stoffklasse, die sich von den Fettsäuren ableiten lässt und viele physikalische und chemische Eigenschaften mit ihnen teilt, sind die **Steroide** zu nennen.

Sie bestehen aus mehreren aneinanderhängenden Kohlenwasserstoffringen, von denen eine unterschiedlich lange Kohlenwasserstoffkette abstehen kann, wie z.B. beim **Cholesterin**, das ebenfalls als Bestandteil von Membranen tierischer Zellen vorkommt (vgl. Kap. D):

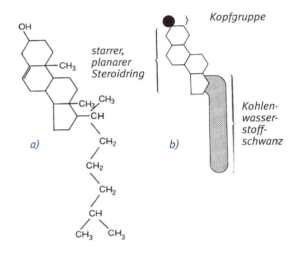

Abb. 54
Cholesterin: a) Strukturformel; b) symbolische Darstellung

4. Aminosäuren – die Bausteine der Proteine

Die Chemiker kennen heute über 100 verschiedene Aminosäuren, aber nur 20 davon sind regelmäßig am Aufbau der Proteine beteiligt; man bezeichnet sie deshalb auch als **proteinogen**. Diese 20 Aminosäuren haben einen gemeinsamen **Grundbauplan** (vgl. Abb. 55):
Am sogenannten α-**Kohlenstoffatom** sitzen neben den beiden **funktionellen Gruppen** (-NH_2 oder Aminogruppe und -COOH oder Carboxylgruppe) und einem Wasserstoffatom eine unterschiedlich gestaltete **Seitenkette (R)**, die als **Aminosäurerest** bezeichnet wird:

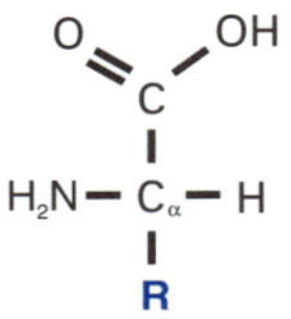

Abb. 55
Bauplan proteinogener Aminosäuren

Die 20 proteinogenen Aminosäuren unterscheiden sich nur in diesen Resten.
Diese 20 Aminosäuren kommen in allen **Proteinen** vor, von den Bakterien über alle Pflanzen und Tiere bis zu uns Menschen.

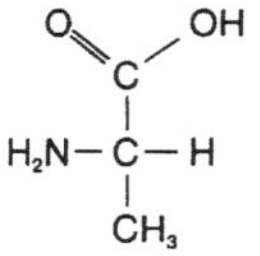

Chemie der Bau- und Inhaltsstoffe

Alanin (Ala) 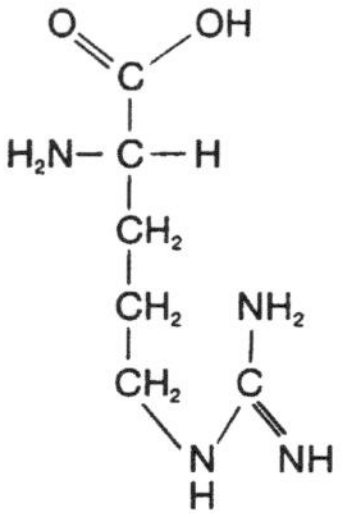   *Arginin (Arg)* 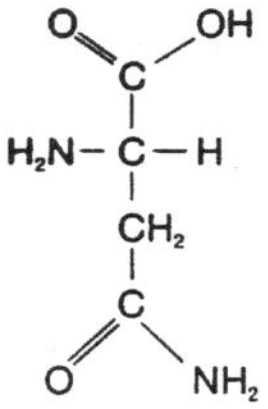   *Asparagin (Asn)* 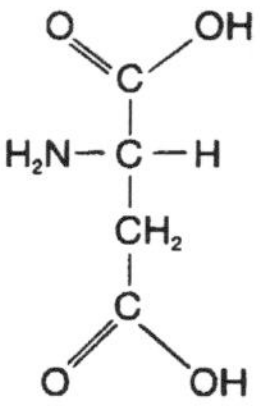   *Asparaginsäure (Asp)*

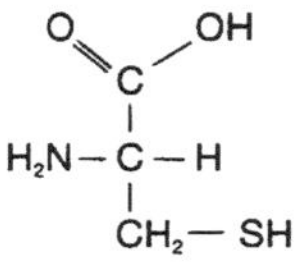

Cystein (Cys) 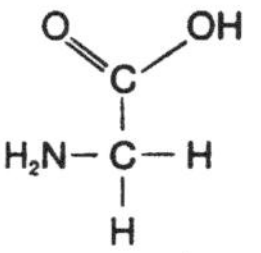   *Glycin (Gly)* 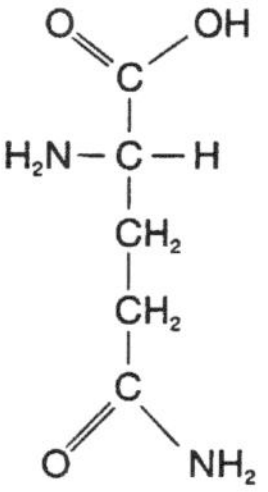   *Glutamin (Gln)* 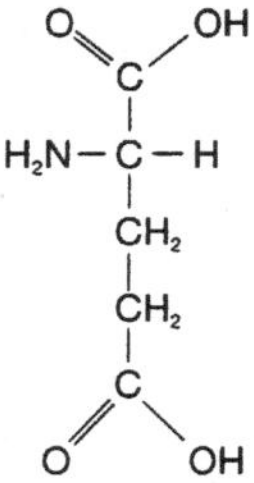   *Glutaminsäure (Glu)*

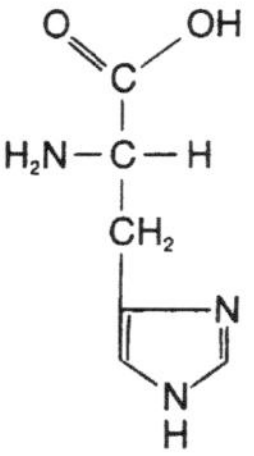

Histidin (His) 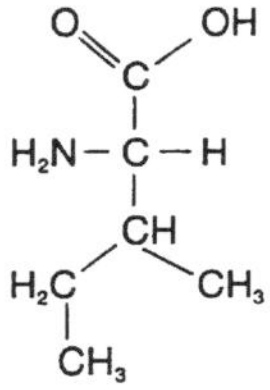   *Isoleucin (Ile)* 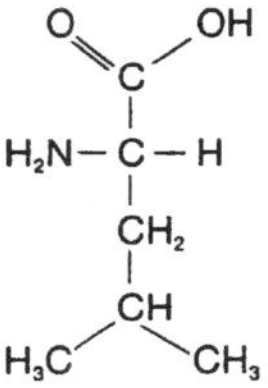   *Leucin (Leu)* 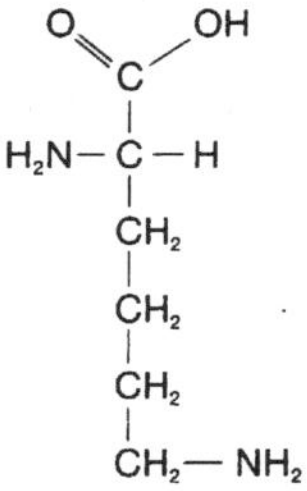   *Lysin (Lys)*

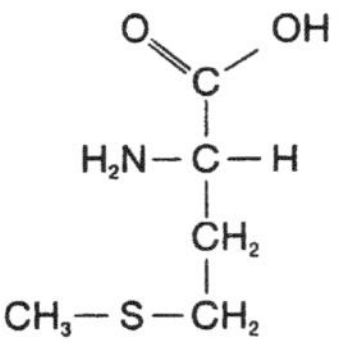

Methionin (Met) 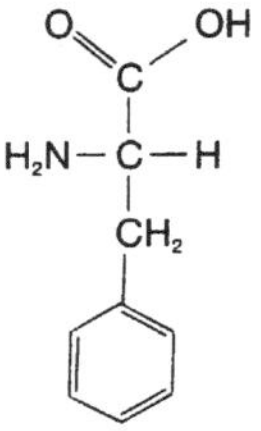   *Phenylalanin (Phe)* 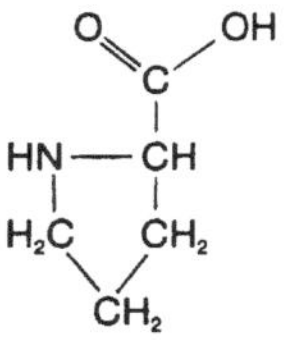   *Prolin (Pro)* 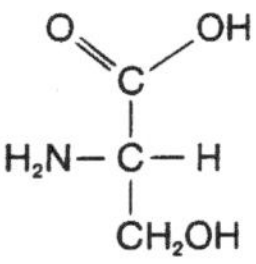   *Serin (Ser)*

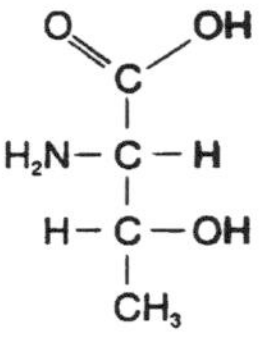

Threonin (Thr) 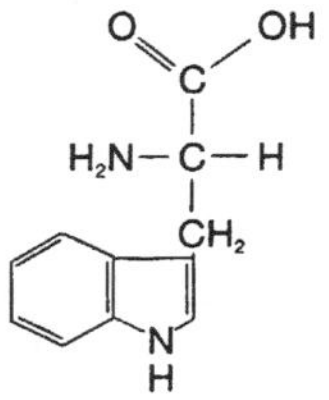   *Tryptophan (Trp)* 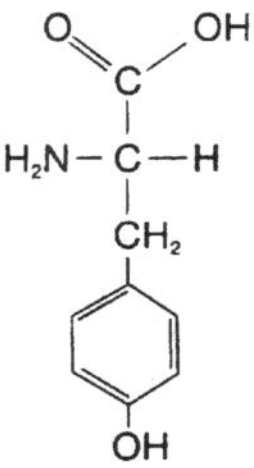   *Tyrosin (Tyr)* 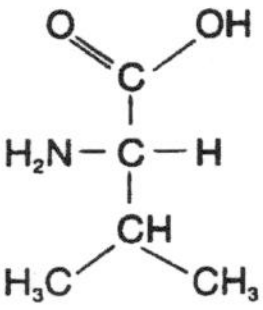   *Valin (Val)*

Abb. 56
Die 20 proteinogenen Aminosäuren

Chemie der Bau- und Inhaltsstoffe

Dabei gibt es aber eine schier unübersehbare **Vielfalt** von Proteinen. Um diese Vielfalt hervorzubringen, werden die 20 Aminosäuren in immer wieder andersartigen **Kombinationen** miteinander verknüpft.

Im einfachsten Fall verbinden sich **zwei Aminosäuren** unter **Wasseraustritt** zu einem **Dipeptid**:

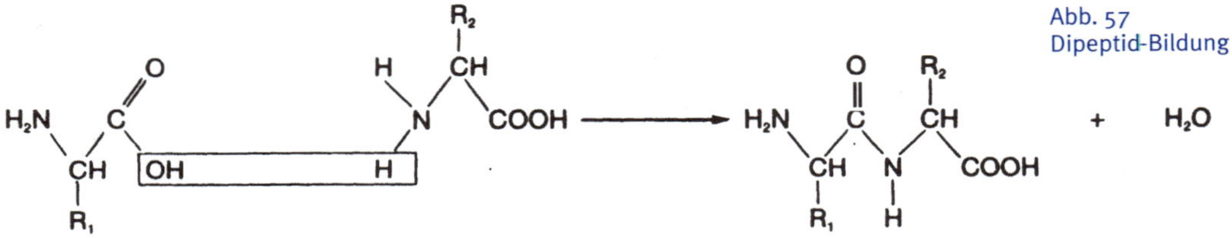

Abb. 57
Dipeptid-Bildung

Dabei reagiert ein **Wasserstoffatom der Aminogruppe** des einen Moleküls mit der **OH-Gruppe der Carboxylgruppe** des anderen Moleküls.

Die freien Amino- und Carboxylgruppen des Dipeptids können wiederum mit den Amino- oder Carboxylgruppen anderer Aminosäuren reagieren, sodass unterschiedlich lange **Ketten** entstehen:

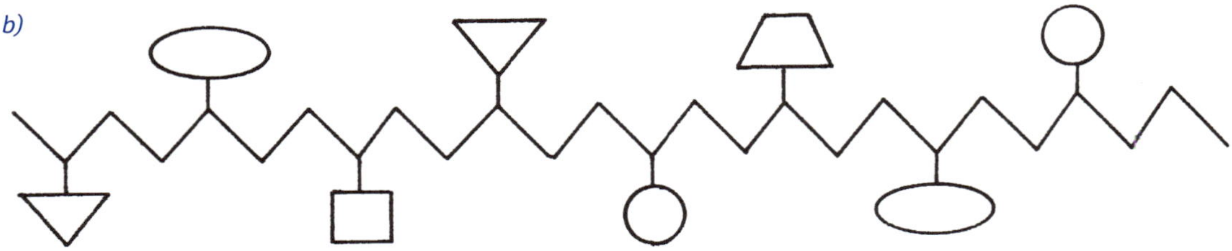

Abb. 58
Ketten aus Aminosäuren: a) Strukturformel; b) symbolische Darstellung

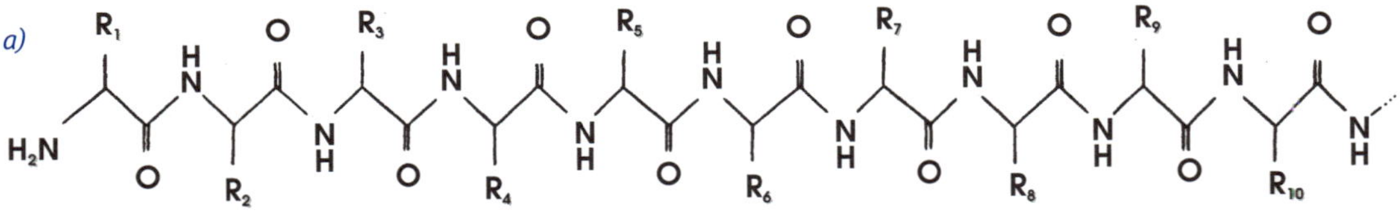

Solche Ketten aus Aminosäuren nennt man **Peptide**.

Ab 100 Kettengliedern spricht man von **Polypeptiden** oder von **Proteinen**.

Eine solche Polypeptidkette ist aufgrund der freien Drehbarkeit vieler Bindungen sehr **flexibel**, sodass die Kette niemals gestreckt vorkommt, sondern sehr **vielgestaltige Formen** oder – wie die Biochemiker sagen – **Konformationen** annehmen kann.

Unter Zellbedingungen jedoch falten sich die meisten Polypeptidketten nur zu einer ganz bestimmten Konformation.
Die Seitenketten (Reste) der unterschiedlichen Aminosäuren **assoziieren** miteinander und mit dem Wasser (!) und bilden somit verschiedene **schwache Bindungen** aus.
Welche Konformation dabei realisiert wird, hängt einzig und allein davon ab, welcher Aminosäurerest sich wo in der Polypeptidkette befindet. Das bedeutet:

Chemie der Bau- und Inhaltsstoffe

> Die **Konformation** eines Proteins wird durch die **Reihenfolge** der Aminosäuren in der Kette determiniert, also durch die **Aminosäuresequenz**.

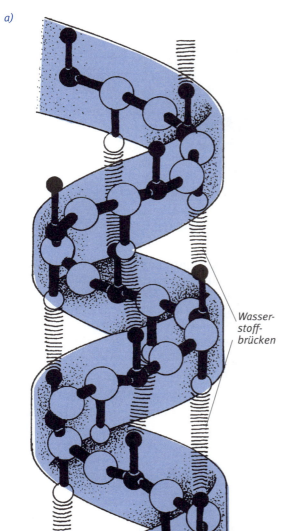

Durch den monotonen Bau der Polypeptidkette stehen die Seitenketten der Aminosäuren wie die Borsten einer Flaschenbürste nach allen Seiten ab.

Dazwischen befinden sich die **O-Atome der ehemaligen Carboxylgruppen** und die **H-Atome der ehemaligen Aminogruppen**.

Zwischen diesen Wasserstoff- und Sauerstoffatomen können aufgrund **elektrischer Anziehungskräfte** sogenannte **Wasserstoffbrücken** entstehen.

Durch die Wirkung dieser Anziehungskräfte kann eine Polypeptidkette **schraubig** verformt werden.

Eine solche rechtsdrehende Schraube wird als α-**Helix** bezeichnet (*vgl. Abb. 59*).

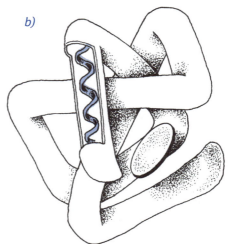

Abb. 59
α-Helix: a) Struktur; b) Orientierung im Proteinmolekül

Die Polypeptidkette kann aber auch **hin- und hergefaltet** werden, wobei die Struktur durch Wasserstoffbrücken zwischen benachbarten Abschnitten der Kette zusammengehalten wird.

Eine solche Proteinstruktur wird als β-**Faltblatt** bezeichnet (*vgl. Abb. 60*).

Chemie der Bau- und Inhaltsstoffe

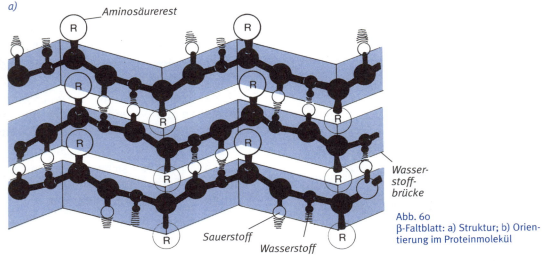

Abb. 60
β-Faltblatt: a) Struktur; b) Orientierung im Proteinmolekül

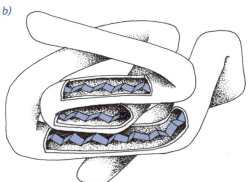

Da diese beiden Strukturmuster nicht von den Aminosäureresten in der Kette abhängen, kommen sie relativ häufig und regelmäßig in fast allen Proteinen vor.

Die meisten Proteine falten sich durch **Wechselwirkungen** zwischen den Aminosäureresten der Kette zu einer meist **kugelförmigen (globulären)** Konformation, die jeweils einzigartig und damit charakteristisch ist.

Die **Faktoren**, die zur weiteren Strukturbildung einer Polypeptidkette beitragen, sind (vgl. Abb. 61):

ⓐ weitere **Wasserstoffbrücken** zwischen polaren Gruppen an den Aminosäureresten;

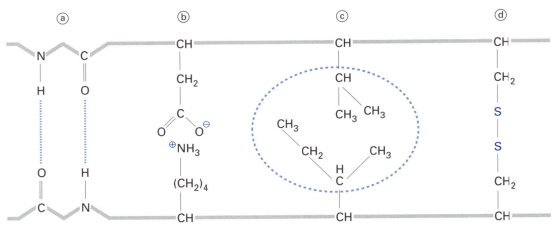

Abb. 61
Bindungen zwischen Aminosäureresten

(b) **Ionenbindungen** zwischen sauren und basischen Aminosäureresten;

(c) **hydrophobe (wasserabstoßende) Bindungen** zwischen unpolaren Aminosäureresten, wodurch in wässriger Umgebung der Kontakt mit Wasser verringert wird;

(d) **Disulfid-** oder **Schwefelbrücken**, die zur Stabilisierung der entstandenen Konformation beitragen.

Nicht alle Proteine sind kugelig-kompakt. Oft lassen sich in der Raumstruktur **Untereinheiten,** sogenannte **Domänen,** ausmachen, aus denen zusammengesetzt man sich das globuläre Protein vorstellen kann (*vgl. Abb. 62*). Schließlich lagern sich einzelne globuläre Proteine zu noch größeren **Aggregaten** zusammen.

Sie können Proteine identischer oder unterschiedlicher Bauart enthalten. Dabei entstehen **Strukturen,** die größenordnungsmäßig zwischen den Makromolekülen und den membranumgrenzten Organellen angesiedelt sind.

Zu den größten und wichtigsten Strukturen dieser Bauart gehören die **Ribosomen,** die bei Bakterien aus 55 verschiedenen Proteinen und 3 verschiedenen RNA-Molekülen aufgebaut sind. Und das Fantastische dabei ist: Bringt man die 58 Einzelbestandteile im Reagenzglas unter geeigneten Bedingungen zusammen, so bilden sie selbstständig die ursprüngliche Struktur zurück.

a) –Glu–Asp–Val–Ser–Lys–Gly–Pro–

a) Aminosäurensequenz (Primärstruktur)

b)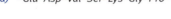

b) α-Helix (Sekundärstruktur)

c)

c) β-Faltblatt (Sekundärstruktur)

d)

d) Protein-Domäne (Tertiärstruktur)

e)

e) Protein (Tertiärstruktur)

Abb. 62
Organisationsebenen der Proteinstruktur

Auf die vielfältigen **Funktionen** der Proteine in lebenden Zellen wollen wir an dieser Stelle nicht weiter eingehen. Wir werden sie stattdessen im jeweiligen Zusammenhang erläutern.

Biomembranen

Alle uns bekannten Zellen sind durch eine Zellmembran abgegrenzt.
Bei der Analyse elektronenmikroskopischer Aufnahmen von tierischen und pflanzlichen Zellen zeigt sich, dass auch das Innere der Zellen von einer Vielzahl von Membranen durchzogen wird und dadurch eine extreme Oberflächenvergrößerung und Kompartimentierung erreicht wird.
All diese Membranen zeigen im elektronenmikroskopischen Bild einen **einheitlichen Bau,** sodass die Vermutung nahe liegt, dass auch ihre molekulare Architektur ähnlich oder gleich ist (*vgl. Abb. 67*).
Diese Annahme hat zum **Modell der Einheitsmembran** oder **unit-membrane** geführt. Die Zellmembran **begrenzt** allerdings nicht nur den **Protoplasten** – verstanden als die „lebende Substanz" der Zelle –, sie ist auch verantwortlich für den **geregelten Stoff- und Informationsaustausch** zwischen den Zellen sowie zwischen dem Zellinneren und der Umgebung.

Die **Zellmembran** muss dabei deutlich von der **Zellwand** der pflanzlichen Zellen unterschieden werden.

Zellwände sind der Zellmembran aufgelagert und quasi als „Ausscheidungen" der pflanzlichen Zellen zu verstehen.

Sie haben bei den Pflanzenzellen lediglich **formgebende** und **stabilisierende Funktion** und stellen **keine physiologische Barriere** dar. Die Durchlässigkeit für bestimmte Stoffe, die **Permeabilität*,** wird bei den Zellwänden ausschließlich von der **Porengröße** und damit der Größe der wandernden Stoffe bestimmt.

Bevor wir uns in den Kapiteln D.3 und D.5 mit den Eigenschaften und dem Feinbau der Biomembran auseinandersetzen, beschäftigen wir uns in den folgenden beiden Abschnitten mit **physikalisch-chemischen Phänomenen,** die zu einem besseren Verständnis der **Funktion und Arbeitsweise der Biomembranen** beitragen.

1. Diffusion, Osmose und Semipermeabilität

Beginnen wir mit einem **Gedankenexperiment:**
Stellen wir uns einen **Billardtisch** vor, auf dem 100 Kugeln in der einen Hälfte liegen, die andere dagegen leer ist (*vgl. Abb. 63 a*). Gehen wir nun weiter davon aus, dass die Kugeln in Bewegung versetzt werden, diese Bewegung auf dem Tisch ohne Reibungsverluste abläuft und das Zusammenstoßen vollelastisch geschieht.

Die **Wahrscheinlichkeit,** dass eine Kugel von rechts nach links rollt, ist dann für die beschriebene Ausgangssituation 0%, für das Rollen von links nach rechts entsprechend 100%.
Zwangsläufig wird also die erste Kugel von links nach rechts rollen (*vgl. Abb. 63 b*). Nach diesem ersten Ereignis haben sich die Wahrscheinlichkeiten für die nächsten Ereignisse folgendermaßen geändert:

Biomembranen

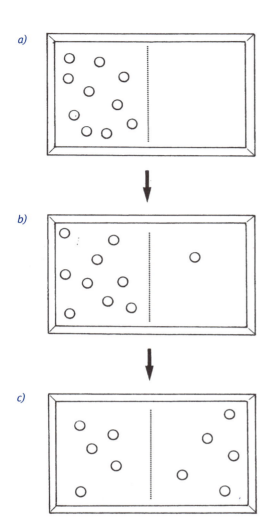

Abb. 63
Gedankenexperiment Billardtisch

Wahrscheinlichkeit für Rollen
  von links nach rechts: 99%
  von rechts nach links: 1%

Treiben wir dieses Gedankenspiel weiter, so wird sich nach entsprechender Zeit ein **„Gleichgewichtszustand"** einpendeln (vgl. Abb. 63 c): Es werden sich jeweils etwa gleiche Mengen an Kugeln in der rechten und linken Hälfte aufhalten.

Kleinere Abweichungen von der idealen Verteilung 50:50 sind dabei durchaus möglich und wahrscheinlich, z.B. 46:54, 52:48, …

Erhöhen wir in unserem Gedankenexperiment die Zahl der Kugeln drastisch (z.B. auf Billionen von Gasmolekülen), so wird das statistische Verhältnis 50:50 annähernd erreicht werden.

Wir übertragen nun unsere Überlegungen auf ein **Modell**, bei dem sich in zwei voneinander abgeschlossenen Räumen, die durch eine herausziehbare Wand voneinander getrennt sind, zwei unterschiedliche **Gase**, z.B. Sauerstoff und Stickstoff, befinden (vgl. Abb. 64 a).

Ziehen wir nun gedanklich die Wand heraus und verbinden dadurch die beiden Räume (vgl. Abb. 64 b), so beginnen sich die Gase spontan zu durchmischen.

Dieser Vorgang der Durchmischung dauert so lange an, bis eine **Gleichverteilung** erreicht ist (vgl. Abb. 64 c).
Das zugrunde liegende Phänomen wird **Diffusion*** genannt.

a) 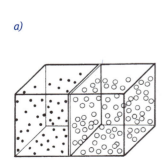 b) 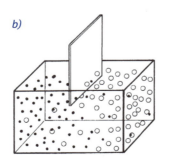 c)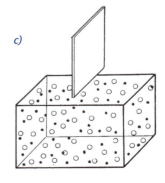

Abb. 64
Gedankenexperiment zur Diffusion von Gasen

Biomembranen

Die **kinetische Gastheorie** liefert uns die Erklärung für dieses Phänomen:

Die einzelnen Teilchen der Gase bewegen sich ständig schnell und unregelmäßig hin und her (**thermische Bewegungsenergie**), kollidieren dabei auch oft miteinander oder mit den Raumbegrenzungen, was zur ständigen Richtungsänderung führt.

Dabei breiten sie sich **gleichmäßig** in dem zur Verfügung stehenden Raum aus und erfüllen diesen vollständig.

Die beschriebene Durchmischung läuft auch dann ab, wenn wir in unserem Gedankenexperiment die Wand z.B. durch eine **poröse Membran** ersetzen, deren Poren so groß sind, dass die beiden Gase ungehindert hindurchtreten können.

Die **Geschwindigkeit** dieses Vorganges kann sehr unterschiedlich sein. In jedem Fall ist sie direkt abhängig von der Geschwindigkeit der Teilchen selbst:

Für diese gilt, dass sich **leichte** Teilchen bei gleicher Temperatur **schneller** bewegen als schwere.

Auch lässt sich der Vorgang durch **Energiezufuhr** beschleunigen (z.B. durch Zufuhr von Wärme = Temperaturerhöhung) und durch Energieabfuhr bremsen (z.B. durch Abkühlung).

Ist in unserem Gedankenexperiment die **Gleichverteilung der Partikel** eingetreten, also der **Konzentrationsausgleich** erreicht, so bewegen sich die einzelnen Gasteilchen nach wie vor, d.h. die Durchmischung setzt sich fort. Es diffundieren nun aber ebenso viele O_2-Moleküle von rechts nach links wie N_2-Moleküle von links nach rechts, sodass der **Nettofluss** null wird.

Im zur Verfügung stehenden Raum ist ein **dynamischer Gleichgewichtszustand** erreicht, da Moleküle weiterhin die Seiten wechseln.

Wir gehen nun der Frage nach, ob diese Gesetzmäßigkeiten, wie wir sie hier für Gase aufgezeigt haben, auch für **Flüssigkeiten** gelten:

Erste Einsichten können wir über **Alltagserfahrungen** gewinnen. (Sollte man die nachfolgend beschriebenen Beobachtungen nicht schon längst einmal gemacht haben, dann lassen sie sich ganz einfach und jederzeit nachvollziehen!)

Stellen wir uns zunächst unsere allmorgendliche **Tasse Kaffee** oder Tee vor, in die wir **Milch** gießen: Führen wir nun keine Energie zu, z.B. mechanische Energie in Form des Umrührens mit dem Löffel, so verteilt sich die Milch ganz langsam im Kaffee. Die der Milch am nächsten liegenden Bereiche durchmischen sich sehr rasch, die entfernten Bereiche nur sehr langsam.

Eine ganz ähnliche Beobachtung lässt sich auch an einem Stückchen Würfelzucker oder einem Teelöffel **Zucker** machen. Zunächst schmeckt nur der „Bodenanteil" süß; lassen wir die Tasse jedoch lange genug stehen, z.B. bis zum Mittagessen, so hat sich der Zucker weitgehend gelöst und in dem zur Verfügung stehenden Raum verteilt. Es wird allerdings noch immer ein deutliches **Konzentrationsgefälle** feststellbar sein; das Getränk wird also oben deutlich weniger süß schmecken als am Boden.

Um unsere Alltagsbeobachtungen zu prüfen, wollen wir zwei als klassisch zu bezeichnende **Versuche** kennenlernen:

 In einen mit **Wasser** gefüllten **Standzylinder** wird mit Hilfe einer **Glaspipette** in den unteren Bereich eine konzentrierte **$CuSO_4$-Lösung** eingebracht. Beobachtet man über einen längeren Zeitraum (z.B. insgesamt 14 Tage) – in den ersten

Stunden kontinuierlich, danach nur noch stündlich, dann jeden Tag zweimal –, was im Glaszylinder passiert, so wird man feststellen, dass sich die ursprünglich **scharfe Grenze** zwischen CuSO$_4$-Lösung und Wasser rasch **auftrennt** (**Trennungshorizont**).

Eine gleichmäßige Durchmischung – und damit ein dynamisches Gleichgewicht – stellt sich allerdings erst nach längerer Zeit – mehreren Tagen – ein: Sie zeigt sich in der vollkommen einheitlichen Färbung des Zylinderinhalts.

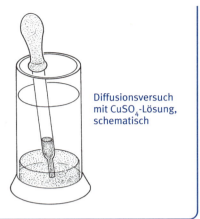

Diffusionsversuch mit CuSO$_4$-Lösung, schematisch

Nach all diesen Überlegungen bleibt nun noch zu klären, woher die **Bewegung der Teilchen** selbst stammt: Mit Hilfe des **Lichtmikroskops** ist es in sehr einfacher Weise möglich, die Bewegung der Teilchen zu veranschaulichen.

 Betrachtet man einen **Tropfen Milch** oder etwas Tusche bei stärkster Vergrößerung unter dem Lichtmikroskop, so kann man deutlich eine zitternde Bewegung der Partikel feststellen (Brown'sche Molekularbewegung).

Sie erklärt sich daraus, dass die Milch- bzw. Tuscheteilchen von den aufprallenden Wassermolekülen hin und her gestoßen werden. Dies ist zurückzuführen auf die **thermische Bewegungsenergie**.

Fassen wir unsere **Ergebnisse** zusammen, so erhalten wir folgende **Gesetzmäßigkeiten**, die sowohl für **Gase** als auch für **Flüssigkeiten** und darin gelöste Stoffe gelten:

- Über kurze Entfernungen erfolgt eine sehr schnelle **Durchmischung**, über große Entfernungen dauert der Prozess sehr lange.
- Durch **Energiezufuhr** (mechanische, thermische) lässt sich der Vorgang beschleunigen.
- Je kleiner die Masse der einzelnen Teilchen ist, desto schneller geht der **Konzentrationsausgleich** vonstatten.

Biomembranen

Für das **wässrige Milieu** der Zelle – alle Lebensprozesse sind an eine wässrige Umgebung gebunden, Zellen bestehen zu großen Anteilen aus Wasser – bedeutet dies, dass als Folge der beschriebenen Diffusionsvorgänge alle Teilchen relativ gleichmäßig verteilt sein müssten, wenn die Struktur des Zellinneren diesem Prozess nicht entgegenwirken würde.

Wie wir festgestellt haben, ist die Geschwindigkeit der Diffusion über **kleine Strecken** sehr groß. Da die zellulären Dimensionen sehr klein sind, ist die Diffusion für die Erklärung zellulärer Prozesse von großer Bedeutung.

Innerhalb von lebenden Zellen lässt sich allerdings eine gleichmäßige Verteilung aller Stoffe nie beobachten.

Hier spielt die **Kompartimentierung** der Zelle eine entscheidende Rolle. Im Wesentlichen wird sie durch Biomembranen erreicht. Der **Diffusion von Stoffen durch Membranen** kommt demnach eine ganz besondere Bedeutung zu.

Führen wir auch hierzu zunächst ein **Gedankenexperiment** durch:

Stellen wir uns wieder zwei durch eine Wand getrennte Räume vor, die zwei unterschiedlich stark konzentrierte Flüssigkeiten – **Wasser** einerseits und eine **Salz-** oder **Zuckerlösung** andererseits – enthalten (vgl. Abb. 65 a).

Befände sich anstelle der Wand eine **feinporige Membran,** die für alle Moleküle (Wasser, Salz, Zucker) gleichermaßen durchlässig wäre, so würde es auch durch diese Membran zu einem Ausgleich der Konzentrationen kommen und sich ein dynamisches Gleichgewicht einstellen. Die „Flüssigkeitssäulen" in den beiden Räumen blieben auf gleicher Höhe (vgl. Abb. 65 b).

Wären die Poren der Membran allerdings so fein, dass nur die relativ kleinen Moleküle des **Lösungsmittels** hindurchtreten könnten (in unserem Fall die Wassermoleküle), nicht aber die größeren Moleküle des **gelösten Stoffes** (also die Salz- oder Zuckermoleküle), dann wäre folgendes Phänomen zu beobachten (vgl. Abb. 65 c): Es würde zu einer **einseitig gerichteten Diffusion** der Lösungsmittel kommen!

Abb. 65
Gedankenexperiment zur Osmose

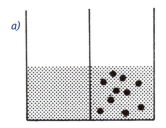
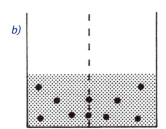
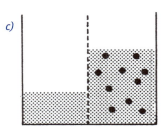

Nur die Wassermoleküle können hierbei durch die Membran hindurch diffundieren. Somit kommt es zu einer **Niveauerhöhung** der Flüssigkeitssäule auf der Seite mit der Salz- oder Zuckerlösung.

Zwar lässt die Membran Wassermoleküle **in beiden Richtungen** diffundieren, da sie für das Lösungsmittel durchlässig ist; allerdings befinden sich auf der Seite mit der Salz- bzw. Zuckerlösung deutlich weniger Wassermoleküle als auf der Seite mit der reinen (100%igen) Wasserlösung.

Auf der Lösungsseite müssen sich die Wassermoleküle den zur Verfügung stehenden Raum mit den Salz- bzw. Zuckermolekülen teilen.

Biomembranen

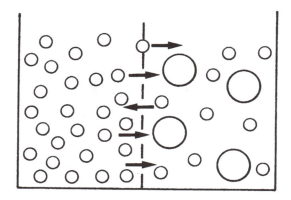

Dies führt dazu, dass statistisch gesehen von der Seite der Salz- oder Zuckerlösung her prozentual **weniger Wassermoleküle pro Zeiteinheit** auf die Membran treffen als von der Seite, in der sich reines Wasser befindet (*vgl. Abb. 66*). Das bedingt wiederum, dass mehr Wassermoleküle in die Lösung eindringen, als aus ihr herauswandern. Es kommt also zu einem **Nettoeinstrom** von Wasser in die Lösung.

Abb. 66
Verteilung von Wassermolekülen

Eine einseitig gerichtete Diffusion des Lösungsmittels durch eine **semipermeable*** Membran nennt man **Osmose***.
Unter **Semipermeabilität** versteht man die Eigenschaft der Membran, für das **Lösungsmittel (Wasser) durchlässig** und für den **gelösten Stoff** (hier die Salz- oder Zuckerlösung) **undurchlässig zu sein**.

Als klassisches Experiment, an dem wir die Zusammenhänge nochmals verdeutlichen wollen, gilt der folgende sogenannte **Osmose-Versuch** des Pflanzenphysiologen PFEFFER.

 Vor Versuchsbeginn wird um die poröse Wandung des inneren Gefäßes (**Tongefäß**) eine künstliche Membran mit semipermeablen Eigenschaften aufgebaut (**Niederschlagsmembran** aus Kupfercyanoferrat).
Nun wird eine **Zuckerlösung** eingefüllt, zum besseren Erkennen angefärbt (z.B. mit Methylenblau). Das Gefäß wird mit einem Stopfen, durch den ein **Steigrohr** geschoben wurde, fest verschlossen.
Das so vorbereitete Gefäß wird in einen größeren Behälter gestellt, der teilweise mit **Wasser** gefüllt ist. Schon nach kurzer Zeit lässt sich im Steigrohr ein **Flüssigkeitsanstieg** beobachten.
Wasser dringt so lange in die Zuckerlösung im inneren Gefäß ein, bis der (hydrostatische) Druck der Flüssigkeitssäule im

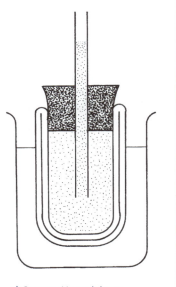

a) Osmose-Versuch in sogenannter PFEFFERscher Zelle

Biomembranen

Steigrohr ein weiteres Eindringen des Wassers verhindert. Der messbare Druck, den das in die Lösung eindringende Wasser erzeugt, wird als osmotischer Druck bezeichnet.

Ein ähnliches Ergebnis lässt sich auch dadurch erzielen, dass man als inneres Gefäß einen Glaszylinder benutzt, der mit durchbohrtem Stopfen und Steigrohr auf der einen Seite abgeschlossen, auf der anderen Seite mit einer **Schweinsblase** überzogen ist (*vgl. b*).

Die Schweinsblase wirkt als semipermeable Membran. Wasser diffundiert in den mit einer Salz- oder Zuckerlösung gefüllten Glaszylinder. Dies führt zu einem Anstieg der Lösung, der sich am Steigrohr direkt ablesen lässt.

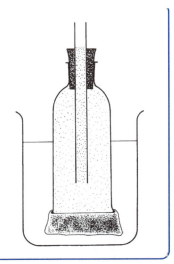

b) Osmometer

Die **lebende Zelle** stellt im Prinzip ein **osmotisches System** dar. Die **Zellmembran** wirkt als semipermeable Membran und bildet eine **physiologische Barriere**.

Aufgaben

 In einem durch eine Membran in zwei Hälften geteilten Behälter befinden sich links eine Salzlösung und rechts reines Wasser (vgl. die Abbildung). Wir gehen davon aus, dass die Membran semipermeabel und elastisch ist.
In welcher Art und Weise wird sich diese Membran wölben?
Weshalb kommt es zu einer Wölbung?

 Die nachfolgende Tabelle zeigt die **Diffusionsgeschwindigkeit** eines in Wasser gelösten Farbstoffes:

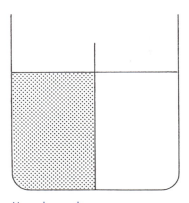

Versuchsanordnung

Zeit (t)	1s	10s	30s	1 min	10 min	1 h	24 h	30 T	360 T
Diffusions-weg (mm)	0,087	0,275	0,477	0,675	2,13	5,23	25,6	140	486

(s = Sekunden, h = Stunden, T = Tage)

Stellen Sie die Messwerte grafisch dar und beurteilen Sie anhand der Grafik die Bedeutung der Diffusion für den Stofftransport in Organismen.

2. Plasmolyse – die Zelle als osmotisches System

Diffusion und Osmose spielen bei Tier- und Pflanzenzellen für die **Wasseraufnahme** und den **Stoffaustausch** von gelösten Substanzen eine entscheidende Rolle. Dies gilt in ganz besonderem Maße für die Wasseraufnahme durch das **Wurzelsystem** bei den höheren Pflanzen.

Die Diffusion führt allerdings nicht zur Überbrückung größerer Entfernungen. So würde z.B. ein Zuckermolekül aus dem Blatt eines 30 m hohen Baumes allein durch Diffusion das Wurzelsystem nicht innerhalb der Lebensdauer des Baumes erreichen.

Betrachten wir speziell die **pflanzlichen Zellen,** so sind die Vorgänge der Osmose eine wesentliche Erklärung für die **Festigkeit** und **Steifigkeit** des pflanzlichen Vegetationskörpers (speziell bei krautigen Pflanzen).

Dabei übt die **Wasserfüllung der Zellen** (hauptsächlich der Zellsaftvakuolen) einen Druck auf die Zellwände aus, den sogenannten **Wanddruck** oder **Turgor**. Bei **Wassermangel** sinkt er drastisch ab. Dann **welkt** die ganze Pflanze.

Aufgabe

 Welche Elemente der PFEFFERschen-Zelle (vgl. Versuch 05) entsprechen welchen Teilen der Pflanzenzelle?

Durch einfache **Versuche** lassen sich die Vorgänge der Diffusion und Osmose an lebenden pflanzlichen Zellen beobachten.

Versuch

 Als ideales Untersuchungsobjekt eignen sich die **Epidermiszellen** von **roten Küchenzwiebeln**.

Mikroskopiert man eine solche Epidermis in einer **Salzlösung**, die eine deutlich höhere Konzentration aufweist als der Zellinnenraum – also **hypertonisch*** ist –, so zeigen sich charakteristische Veränderungen:

Schon direkt nach der Zugabe der konzentrierten Salzlösung lässt sich beobachten, dass die Zelle mit der blassrot gefärbten Zellsaftvakuole beginnt, sich von der Zellwand zu lösen. Wir sprechen von einer **Grenzplasmolyse**:

Biomembranen

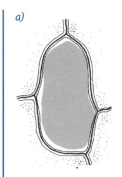 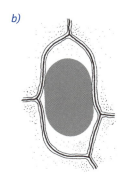 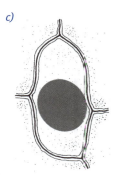

Plasmolyseversuch: Schematische Abbildung einer Zelle a) nicht plasmolysiert; b) bei Beginn der Plasmolyse; c) nach fortgeschrittener Plasmolyse

Mit der Zeit nimmt das Volumen der **Vakuole** weiter ab und die Farbe wird **dunkler**. Dieser Vorgang läuft so lange ab, bis das Volumen der Zellsaftvakuole auf eine kleine Kugel zusammengeschrumpft ist.

Bei starker, ca. 400-facher Vergrößerung können wir das **Zellplasma**, begrenzt von der Zellmembran, als feine, wasserhelle Schicht erkennen, die die Vakuole umkleidet.

Durch Spülen mit **destilliertem Wasser** lässt sich der Vorgang **umkehren**: Die Zellsaftvakuolen wachsen wieder und erfüllen schon nach kurzer Zeit die gesamte Zelle (**Deplasmolyse**).

Mit Hilfe der **Osmose-Theorie** können wir diese Vorgänge sehr gut erklären:

Plasmolyse

In erster Linie verliert die Zellsaftvakuole Wasser an die **konzentriertere (hypertonische)** Außenlösung, weil das Wasser über die Tonoplastmembran, anschließend durch den gesamten Protoplasten und dann über die Zellmembran ins Außenmedium diffundiert. In weitaus geringerem Maße verliert auch das **Protoplasma** Wasser an die Außenlösung. Dieser Vorgang lässt sich allerdings wegen der deutlich geringeren Veränderungen nicht eindeutig beobachten, denn die Wasserkonzentration der Zellsaftvakuole ist um ein Vielfaches höher als diejenige des Protoplasmas.

Mit dem Schrumpfen der Zellsaftvakuole löst sich auch der gesamte Protoplast von der festen Zellwand ab, und die Salzlösung dringt in den frei werdenden Raum ein.

Die **Zellwände** können weitgehend außer Betracht gelassen werden: Sie sind für die beschriebenen Vorgänge als **vollständig permeabel** anzusehen, d. h. auch für die gelösten Stoffe durchlässig.

Deplasmolyse

Bietet man anschließend im Außenmedium eine niedriger konzentrierte Lösung als im Zellinneren an (**hypotonische* Lösung**), so diffundiert Wasser vermehrt in die plasmolysierten Zellen zurück. Dieser Vorgang ist allerdings nur dann auslösbar, wenn die Zellen vorher nicht zu stark geschädigt wurden.

Plasmolyse und **Deplasmolyse** lassen sich nur an Zellen mit **intakten Membranen** auslösen, d.h. an **lebenden** Zellen.

Biomembranen

Aufgaben

 Do4 Häufig stellt man nach einem heftigen Sommerregen fest, dass reife, noch am Baum hängende Kirschen geplatzt oder aufgerissen sind.
Erläutern Sie die Ursachen dieses Phänomens.

 Do5 Setzt man dem frischen Mikropräparat eines **Bluttropfens** nach und nach **destilliertes Wasser** zu, nimmt allmählich das Volumen der roten Blutkörperchen zu, bis sie schließlich platzen (lysieren) und der rote Blutfarbstoff, das Hämoglobin, aus den Zellen austritt.
Wird einem frischen Präparat dagegen **5%ige Kochsalzlösung** zugesetzt, schrumpfen die roten Blutkörperchen und nehmen schließlich die sogenannte **Stechapfelform** an:

Rote Blutkörperchen in unterschiedlichen Zustandsformen

a) Interpretieren Sie die Ergebnisse dieses Experiments.

b) Entwickeln Sie eine **Versuchsreihe**, um herauszufinden, bei welcher Salzkonzentration die roten Blutkörperchen unverändert bleiben.

Zum Abschluss muss noch eine wichtige **Einschränkung** getroffen werden, die die Semipermeabilität von biologischen Membranen betrifft und uns weitere Hinweise auf deren **Feinbau** liefert:

Biologische Membranen sind im strengen Sinne nie absolut semipermeabel, sondern **selektiv permeabel**. Dies bedeutet, dass außer dem Lösungsmittel Wasser auch bestimmte gelöste Stoffe, wie Ionen etc., die Membran passieren können.

3. Eigenschaften von Biomembranen

In den Kapiteln zuvor haben wir die vielfältigen Eigenschaften der Biomembran bereits ansatzweise erläutert:

 Membranen sind die wesentlichen Strukturelemente der Zelle.
Sie dienen der **Kompartimentierung** und ermöglichen so, dass alle Reaktionen im zellulären Stoffwechsel auf engstem Raum nebeneinander ablaufen können. Dabei wirken sie als **physiologische Barrieren**: Sie stellen zwar **Grenzschichten** dar, sind aber **selektiv permeabel**.
Sie ermöglichen den Stoffaustausch mit der Umgebung. Sie sind nicht nur für die **Individualität der Zelle,** sondern ebenso für die **Kommunikation zwischen den Zellen** verantwortlich.

Biomembranen

Wegen dieser herausragenden Bedeutung der Membranen wird schon seit Jahrzehnten intensiv über ihren Feinbau geforscht, ohne dass allerdings bis heute endgültige und abschließende Ergebnisse vorliegen.

Es wurden immer wieder neue **Strukturmodelle** entworfen; eine Tatsache, die in besonderem Maße den Modellcharakter biologischer Aussagen auf molekularer Ebene deutlich macht. Trotz dieser Offenheit existieren natürlich gesicherte physiologische, biochemische und morphologisch/strukturelle Erkenntnisse über die **Eigenschaften der Biomembranen,** an denen die unterschiedlichen Strukturmodelle gemessen werden müssen/können:

- **Wasser** diffundiert relativ ungehindert und schnell durch die Membran; auch schneller als andere Teilchen mit vergleichbaren Eigenschaften.
- Je größer und **hydrophiler** (wasserfreundlicher) Teilchen sind, um so stärker wirkt die Membran als nicht passierbare **Barriere**.
- **Lipophile** (fettfreundliche) Moleküle können relativ unabhängig von ihrer Größe durch die Membran hindurchtreten.
- Unterschiedliche Membranen unterscheiden sich relativ deutlich in ihren **Permeabilitätseigenschaften** und damit hinsichtlich ihrer **Selektivität** bezüglich bestimmter Substanzen. Das deutet auf einen **unterschiedlichen Aufbau** hin.
- In vielen Fällen, z.B. an der Membran der **Nervenzellen,** führt der Stofffluss durch die Membran nicht zu einem Konzentrationsausgleich und damit zu einem dynamischen Gleichgewicht; vielmehr wird **aktiv** unter ständigem Energieverbrauch ein **Konzentrationsgefälle aufrechterhalten** bzw. wieder herbeigeführt.

Die in Kapitel D.5 dargestellten Überlegungen zum Feinbau der Biomembran müssen diesen Eigenschaften Rechnung tragen.

4. Zusammenfassung

Membranen sind die wesentlichen Strukturelemente der Zellen. Sie dienen der Kompartimentierung, bilden Grenzschichten, durch die selektiv Stoffe ausgetauscht werden, sind für die Individualität einer Zelle und für die Kommunikation zwischen den Zellen verantwortlich.

Wichtige Phänomene im Zusammenhang mit der Biomembran

Diffusion:
In Flüssigkeit **gelöste Stoffe und Gase** haben das Bestreben, sich in einem zur Verfügung stehenden Raum möglichst **gleichmäßig** zu verteilen. Es kommt dadurch zu einem **Konzentra-**

tionsausgleich. Diesen spontanen Vorgang, der auf der **Molekularbewegung** beruht, bezeichnet man als Diffusion.

Semipermeabilität:
Befindet sich zwischen zwei unterschiedlichen Lösungen eine **permeable** (durchlässige) **Membran,** werden die Vorgänge der Diffusion nicht behindert; ist diese Membran allerdings nur **durchlässig** für das **Lösungsmittel** (im Normalfall Wasser) und **undurchlässig** für den darin **gelösten Stoff,** so spricht man von einer semipermeablen Membran.

Osmose:
Durch eine **semipermeable Membran** kommt es zu einer **einseitig gerichteten Diffusion**: Das Lösungsmittel (Wasser) wird versuchen, den Konzentrationsausgleich herbeizuführen. Diesen Vorgang nennt man Osmose.

Plasmolyse und Deplasmolyse:
Das Phänomen der Plasmolyse lässt sich an intakten Pflanzenzellen beobachten. Werden sie in **hypertonische Lösungen** überführt, so **schrumpfen** die Vakuolen, und die Protoplasten lösen sich von den Zellwänden ab. Wasser diffundiert aus den Zellsaftvakuolen und dann Protoplasma in die umgebenden Lösungen; dabei nehmen die Zellsaftkonzentrationen zu, während die Konzentration des Außenmediums sinkt.
Dieser Vorgang läuft so lange ab, bis der jeweilige Zellinhalt die gleiche Konzentration aufweist wie die jeweils umgebende Flüssigkeit, die beiden also **isotonisch** sind.

Überführt man plasmolysierte Zellen in eine **hypotonische** Lösung, so nehmen die Zellen durch ihre Membranen Wasser auf; die Vakuolen **dehnen sich** wieder aus (**Deplasmolyse**).

Selektivität:
Die Vorgänge der Osmose und Plasmolyse sind eng gekoppelt an die Eigenschaften biologischer Membranen. Allerdings ist keine Biomembran im strengen Sinne semipermeabel; vielmehr lässt sie selektiv bestimmte Stoffe durch und hält andere zurück. Sie ist also **selektiv permeabel**.

5. Struktur und Funktion der Biomembran

In elektronenmikroskopischen Aufnahmen erscheinen Biomembranen bei sehr starker Vergrößerung **dreischichtig**, wobei eine dunkle Doppellinie erkennbar ist, die einen Abstand von etwa 6-8 nm aufweist:

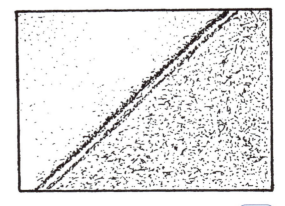

Abb. 67
Grafische Darstellung einer Zellmembran nach elektronenmikroskopischen Aufnahmen; in der rechten Bildhälfte das Zytoplasma

Biomembranen

Dabei ist es belanglos, ob die Zellmembran, die die Zelle als Ganzes umschließt, die Membran des ER oder die eines anderen Zellorganells untersucht wird. Im elektronenmikroskopischen Bild weisen alle Membranen einer Zelle diese **einheitliche Struktur** auf (**Einheitsmembran**).

Ihre chemische Analyse ergibt eine zweite gemeinsame Eigenschaft: Alle untersuchten Membranen bestehen aus nur **zwei Grundbaustoffen**, nämlich aus **Proteinen** und **Lipiden**. Mit diesen Grundbaustoffen können geringe Mengen von **Kohlenhydraten** verbunden sein, entweder in Form von Glykoproteinen oder Glykolipiden.

Trotz dieses einheitlichen und zugleich einfach anmutenden Aufbaus werden aber alle Biomembranen unseren oben formulierten Anforderungen gerecht.

Genauere chemische Analysen von Biomembranen zeigen zudem, dass die beiden Grundbaustoffe nicht in allen Membranen gleichmäßig vorkommen, sondern je nach Membrantyp ganz **unterschiedlich verteilt** sein können.

Tabelle 7 enthält eine Zusammenstellung des Lipid- und Proteinanteils verschiedener Membranen, die deutlich macht, dass es von der „Standardverteilung" von 50% zu 50%, wie sie etwa in den meisten Zellmembranen gefunden wird, gravierende Abweichungen geben kann.

Die Myelin-Membran beispielsweise, die zur Isolierung von Nervenfasern dient, enthält nur einen geringen Proteinanteil, während in Membranen, die bei der Energiegewinnung eine Rolle spielen, wie der Innenmembran der Mitochondrien und Chloroplasten, die Proteine den größten Teil der Membranmasse ausmachen.

Aber trotz dieser offensichtlichen Unterschiede gibt es nach allem, was wir heute über Biomembranen wissen, ein gemeinsames Bauprinzip. Denn alle Biomembranen bestehen, unabhängig von ihrer Proteinausstattung, aus einer **Doppelschicht von Lipidmolekülen**.

Membran	Lipide %	Proteine %
Kernhülle (Leberzelle)	30	70
ER (Leberzelle)	30	70
Zellmembran (Leberzelle)	30-50	50-70
Mitochondrien (Leberzelle)		
Außenmembran	49-59	41-51
Innenmembran	20-30	70-80
Chloroplasten-Thylakoide	50-56	44-50
Myelin (Nervenzelle)	70	30

Tabelle 7
Chemische Zusammensetzung verschiedener Membranen

5.1 Die Lipiddoppelschicht

Lipidmoleküle haben eine **gemeinsame Eigenschaft**, die sich auf ihr Verhalten gegenüber Wasser bezieht. Ein Ende des Moleküls ist in Wasser löslich; es wird als **hydrophil** (= **wasserliebend**) bezeichnet.

Das andere Ende besteht aus Kohlenwasserstoffketten, die nicht in Wasser, aber in Fett löslich sind; sie werden als **hydrophob** (= **wassermeidend**) bezeichnet. Die meisten Membranlipide gehören zur Klasse der

Biomembranen

Phospholipide. Sie leiten sich chemisch von den Fetten (Triglyceride) ab, die wir im letzten Kapitel besprochen haben. Bei Phospholipiden hängen an einem Molekül Glycerin aber nur zwei Fettsäureketten, die den **hydrophoben „Schwanz"** des Moleküls bilden, während der **hydrophile „Kopf"** von einer Phosphatgruppe und einem weiteren wasserlöslichen Molekülteil gebildet wird.
Im abgebildeten Beispiel ist dieses weitere Molekül ein Cholinrest (andere Phospholipide enthalten anstelle von Cholin entweder Ethanolamin, Serin oder Inosit):

Phospholipide variieren aber nicht nur in ihrer Kopfgruppe, sondern auch im Schwanzteil.

Die beiden angehängten Fettsäureketten können unterschiedlich lang sein (gewöhnlich 14 bis 24 Kohlenstoffatome), und eine der beiden Fettsäuren enthält in der Regel ein bis zwei Doppelbindungen, ist also ungesättigt.
Diese **Unterschiede in der Länge und dem Gehalt an gesättigten und ungesättigten Fettsäuren** sind nicht bedeutungslos. Wir kommen darauf zurück.

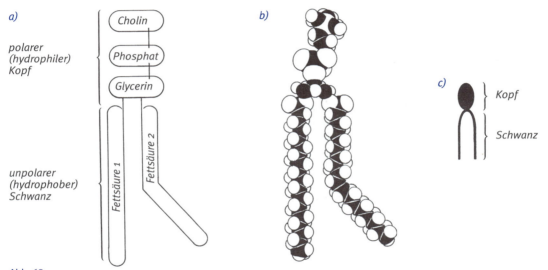

Abb. 68
Struktur eines Phospholipidmoleküls: a) schematisch; b) als Kalottenmodell; c) symbolisch dargestellt

Phospholipide haben eine bemerkenswerte Eigenschaft: Sie lagern sich **in wässriger Umgebung** spontan zu einer **Doppelschicht** zusammen (vgl. Abb. 69).

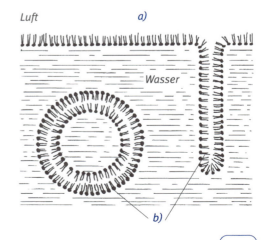

Abb. 69
Schematische Darstellung von a) einer monomolekularen Phospholipidschicht an der Grenzfläche Wasser/ Luft und b) Phospholipid-Doppelschichten in wässriger Umgebung

Biomembranen

Experiment

 Ein erster Hinweis auf diese Anordnung stammt aus einem **Experiment**, das 1925 von GORTER und GRENDEL durchgeführt wurde.

Aus der Zellmembran menschlicher roter Blutzellen (Erythrozyten) extrahierten sie die Lipide und brachten sie auf einer Wasseroberfläche auf.

Mit Hilfe eines Schiebers stellten sie dann einen zusammenhängenden **monomolekularen Film** (Monolayer) her (*vgl. Abb. 69 a*).

Sie verglichen die Fläche dieses Films mit den Oberflächen der ursprünglichen Erythrozytenmembranen.

Aufgabe

 GORTER und GRENDEL isolierten die Zellmembranen der Blutkörperchen von 2 mm³ menschlichem Blut und extrahierten die Membranlipide. 1 mm³ menschliches Blut enthält $5{,}2 \times 10^6$ Erythrozyten. Die Oberfläche eines Erythrozyten zeigt einen Durchschnittswert von 145 µm².

Der Lipidextrakt wurde auf eine Wasseroberfläche gegeben, auf der er sich kreisförmig ausbreitete. Der Lipidanteil in diesem Extrakt betrug 0,007 mm³. Das Lösungsmittel verdunstete, und die Lipidschicht blieb zurück. Die kreisförmig ausgebreitete Lipidschicht entspricht einem sehr flachen Zylinder ($V_z = \pi \times r^2 \times h$).

GORTER und GRENDEL führten den o.g. Versuch mehrfach durch und erhielten einen gemessenen Durchschnittswert von 6 cm Durchmesser für die Lipidschicht.

a) Berechnen Sie die **Schichtdicke** der Lipidschicht.

b) Vergleichen Sie die **Fläche** der ausgebreiteten Lipidschicht mit der Fläche der verwendeten Erythrozyten-Zellmembranen.

c) Welche Schlussfolgerung lässt sich aus diesem Vergleich ziehen?

Da die einzige Membran eines Erythrozyten die Zellmembran ist, folgerten die Forscher, dass die Lipidmoleküle in dieser Membran in einer **zusammenhängenden, in sich geschlossenen Doppelschicht** angeordnet sein müssen. Dabei stehen sich die Phospholipidmoleküle so gegenüber, dass ihre **Längsachsen senkrecht zur Ebene der Doppelschicht** stehen.

Die hydrophilen Köpfe weisen beiderseits nach außen und tauchen ins umgebende Wasser, während die hydrophoben Schwänze in der Mitte der Doppelschicht aneinander stoßen und dort das Wasser verdrängen (*vgl. Abb. 69 b*).

Diese Anordnung ist in wässriger Umgebung der **energetisch günstigste Zustand** für die Lipidmoleküle; denn sie können nur unter

Energieaufwand aus dieser Lage gebracht werden, z.B. durch mechanische Kräfte, kehren danach aber wieder spontan, also von sich aus, in ihre ursprüngliche Lage zurück.
Doch Phospholipide lagern sich in wässriger Umgebung nicht nur spontan zu Doppelschichten zusammen, sondern bilden zudem noch geschlossene, kugelförmige **Vesikel**. Dabei schließen sie die Flüssigkeit im Innern vom umgebenden Wasser ab (*vgl. Abb. 69 und 70*).

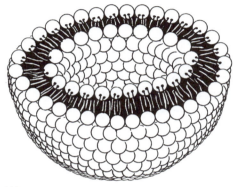

Abb. 70
Angeschnittener Vesikel aus Lipiden

Die Kugelform bildet sich ebenfalls spontan, weil bei einem offenen Ende der Doppelschicht einige der hydrophoben Bereiche der Phospholipide mit Wasser in Kontakt kommen würden, was wieder energetisch ungünstig wäre. Deshalb bilden Phospholipide in wässriger Umgebung von sich aus **geschlossene Kompartimente**.

Membranen aus Phospholipiden sind keine starren Gebilde, sondern hinsichtlich ihres Aggregatzustandes **Flüssigkeiten**. Ihre **Viskosität** gleicht der von Olivenöl. Der flüssige Charakter kommt im Wesentlichen durch **zwei Molekülbewegungen** zustande:
Zum einen „schwänzeln" die Fettsäureketten der Phospholipide hin und her, sodass die Doppelschicht in ihrem Inneren weich und flexibel ist.

Zum anderen **tauschen** die Moleküle innerhalb der Ebene ihrer Einzelschicht dauernd die **Plätze**. Ein Phospholipidmolekül wechselt in jeder Mikrosekunde einmal seine Position, also eine Million mal pro Sekunde.

Wanderungen von einer Seite der Doppelschicht auf die andere kommen dagegen so gut wie nie vor.

Wie flüssig eine Membran ist, hängt bei einer bestimmten Temperatur ausschließlich von ihrer **Lipidzusammensetzung** ab. Phospholipide mit kurzen und/oder ungesättigten Fettsäuren ergeben eine flüssigere Membran als solche mit langen und/oder gesättigten Fettsäuren.

Ein weiterer wichtiger Faktor, der den Flüssigkeitszustand (die Fluidität) einer Membran beeinflusst, ist der Anteil an **Cholesterin**.

Das ist ein großes scheibenförmiges Molekül aus vier miteinander verbundenen Kohlenwasserstoffringen. Der größte Teil des Moleküls ist hydrophob, nur ein kurzes Ende ist hydrophil (*vgl. Abb. 54*).

Deshalb fügt sich Cholesterin vor allem in die hydrophoben Bereiche einer Lipiddoppelschicht ein. Dadurch **vermindert** es zwar deren **Flexibilität, erhöht** aber gleichzeitig die **mechanische Stabilität** solcher Membranen.

Das könnte erklären, warum Cholesterin vor allem in den **Zellmembranen tierischer Zellen** zu finden ist: Hier fehlt ja die Zellwand, die den Pflanzenzellen ihre Stabilität verleiht.
Eigentlich wäre zu erwarten, dass die verschiedenen Membranlipide gleichmäßig in der Doppelschicht verteilt sind. Besonders in Zellmembranen aber unterscheiden sich die Lipidzusammensetzungen der beiden Schichten deutlich voneinander (*vgl. Tabelle 8*).

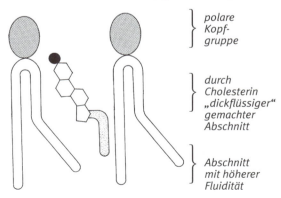

Abb. 71
Cholesterin als Bestandteil der Zellmembran

Biomembranen

Membran	Gewichtsanteil am Gesamtlipid (in %)		
	Phospholipide	Glykolipide	Cholesterin
Rote Blutzellen	61	11	22
Myelin	41	28	22
Mitochondrien	80	5	4
ER	75	5	8
Chloroplasten	12	80	0

Tabelle 8
Phospholipid-, Glykolipid- und Cholesterinanteil verschiedener Membranen

Am ausgeprägtesten zeigt sich diese **Asymmetrie** bei den bisher noch nicht angesprochenen **Glykolipiden***. Diese Moleküle haben wie die Phospholipide einen hydrophoben Schwanz aus zwei Fettsäureketten. Dagegen besteht der hydrophile Kopf, wie schon die Vorsilbe andeutet, aus verschiedenen Zuckermolekülen.

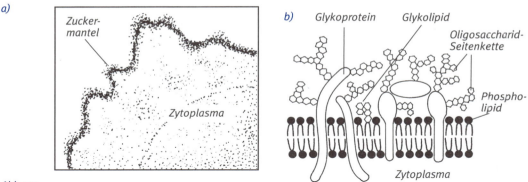

Abb. 72
a) Grafische Darstellung des „Zuckermantels" einer Zelle nach elektronenmikroskopischen Aufnahmen, b) schematische Darstellung des „Zuckermantels" aus den Zuckerseitenketten der Glykolipide und der Glykoproteine

Glykolipide befinden sich **ausschließlich in der äußeren Hälfte** der Lipiddoppelschicht, die dem Extrazellulärraum zugewandt ist.

Ihre Zuckerketten, die recht kompliziert aufgebaut sein können, ragen deutlich aus der Zelloberfläche heraus.

Allem Anschein nach sind diese Zuckerseitenketten (zusammen mit den Zuckerseitenketten der Glykoproteine, die im nächsten Abschnitt besprochen werden) für die **Individualität** einer Zellmembran verantwortlich und spielen bei der **Zellerkennung** im Geweberverband und bei der **Immunabwehr** eine entscheidende Rolle (*vgl. Kap. E*).

Im elektronenmikroskopischen Bild erscheinen **biologische Membranen** bei stärkerer Vergrößerung **3-schichtig**.
Die chemische Analyse ergibt, dass sie hauptsächlich aus **Lipiden** und **Proteinen** aufgebaut sind.
Dabei sind die **Membranproteine** in eine zusammenhängende **Doppelschicht von Lipidmolekülen** eingelagert.

Die **Lipidmoleküle** bilden ganz von selbst solche Doppelschichten aus. In ihnen stehen sich ihre **hydrophoben Fettsäureketten** innen gegenüber, während die **hydrophilen Köpfe** in die wässrige Umgebung eintauchen. Die Lipiddoppelschicht ist in sich **flüssig**, da sich die Lipidmoleküle innerhalb ihrer Schicht schnell bewegen.
Es gibt drei Hauptgruppen von Lipiden in biologischen Membranen: **Phospholipide, Glykolipide** und **Cholesterin**; sie sind asymmetrisch in der Doppelschicht verteilt.

5.2 Membranproteine

Während die Lipiddoppelschichten die Grundstruktur aller biologischen Membranen bilden, sind die Proteine für deren **spezifische Aufgaben** verantwortlich.

Membranen mit unterschiedlichen Funktionen unterscheiden sich dementsprechend in ihrer Protein-Ausstattung (*vgl. Tabelle 7*).

Der **Struktur-Funktions-Zusammenhang**, wie wir ihn in Kapitel A.3.4 für die Besonderheiten im Aufbau spezialisierter Zellen erläutert haben, findet sich also auch im **molekularen Bereich**, wie eben hier bei der stofflichen Zusammensetzung von Biomembranen, wieder. Wir kommen darauf im Einzelnen noch zurück.

Bis vor einigen Jahren glaubte man fälschlicherweise, die Membranproteine seien den beiden Oberflächen der Lipiddoppelschicht aufgelagert – etwa so wie die Brotscheiben bei einem Käse-Sandwich (DANIELLI-Modell):

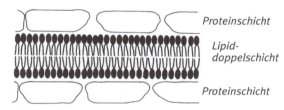
Abb. 73
Sandwich-Modell der Biomembran

Diese theoretische Anordnung der Proteine passte gut zu der dunklen Doppellinie, die auf elektronenmikroskopischen Aufnahmen von biologischen Membranen zu sehen ist (*vgl. Abb. 67*). Zwei Beobachtungen führten aber zur Entwicklung eines anderen Modells. Bei Verwendung der „Gefrierbruch"-Technik, mit der man sehr plastisch erscheinende elektronenmikroskopische Aufnahmen von **Oberflächenstrukturen** erhält, zeigen die Flächenabdrücke von biologischen Membranen **kugelförmige Vertiefungen und Erhebungen** unterschiedlicher Ausdehnung und Verteilung (*vgl. Abb. 74*):

Biomembranen

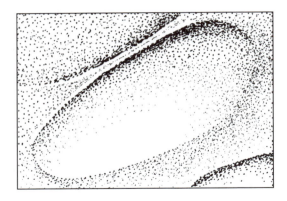

Abb. 74
Oberflächenstruktur einer Erythrozyten-Membran nach elektronenmikroskopischen Aufnahmen

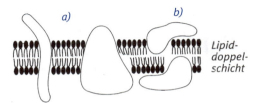

Abb. 75
a) Integrale und b) periphere Membranproteine

Ferner förderte der Versuch, die Membranproteine aus der Membran herauszulösen, einen bedeutsamen Unterschied zutage: Etwa 20% der Proteine lösen sich sehr leicht, z.B. durch Extraktion mit Salzlösung, sind also offensichtlich nur locker mit der Lipiddoppelschicht assoziiert. Für den großen Rest sind „härtere" Methoden notwendig, z.B. Extraktion mit organischen Lösungsmitteln, die in der Regel die Zerstörung der Membran zur Folge haben.

Aus diesen Erkenntnissen wurde ein Membranmodell abgeleitet, in dem die **Proteine ganz oder teilweise in die Lipiddoppelschicht eingetaucht** sind.

Sie werden dementsprechend als **integrale*** beziehungsweise **periphere* Membranproteine** bezeichnet:

Die peripheren Proteine sind schwer zu erfassen, da sie meist schon beim Aufbrechen der Zellen den Kontakt mit ihren Membranen verlieren. Es handelt sich in der Regel um **Enzyme,** die an hochgeordneten Stoffwechselreaktionen beteiligt sind (z. B. am Lipidstoffwechsel des glatten ER).

Die integralen Proteine sind fester an ihre Membranen gebunden, da sie die Lipiddoppelschicht ganz durchspannen. Sie machen den weitaus größten Anteil der Membranproteine aus.

Diese **Transmembran-Proteine** besitzen eine **hydrophobe Region,** die mit den ebenfalls hydrophoben Fettsäureketten der Lipide im Inneren der Membran in **Wechselwirkung** tritt und auf diese Weise das Protein in der Lipiddoppelschicht **verankert.** Die hydrophobe Region wird von einer speziellen Sequenz hydrophober Aminosäuren gebildet.

Da die Lipiddoppelschicht flüssig ist, können sich auch die Membranproteine darin bewegen. Allerdings ist eine **Wanderung** – wie bei den Lipidmolekülen – nur in der Ebene der Membran möglich.

Wie schnell dies geht, hängt vom **Flüssigkeitszustand** der Lipiddoppelschicht ab. Falls sie nicht daran gehindert werden, können die Membranproteine der meisten Zellen in wenigen Minuten von einer Seite der Zelle zur anderen gelangen; Ausnahmen hiervon erläutern wir im nächsten Abschnitt.

Gewichtsmäßig sind Membranproteine im Durchschnitt zu 50% am Membranaufbau beteiligt (*vgl. Tabelle 7*).

Da die Größe eines Proteins die Membranlipide bei Weitem übertrifft, enthalten Membranen zahlenmäßig immer sehr viel mehr Lipid- als Proteinmoleküle.

In den meisten Zellmembranen kommt ein Proteinmolekül auf etwa 50 Lipidmoleküle.

Die Membranproteine sind nicht dicht nebeneinandergepackt, sondern in eher unregelmäßigen Abständen in der Lipiddoppelschicht verteilt.

Diese Anordnung hat dem Membranmodell die Bezeichnung „**fluid-mosaic**"-**Modell** (SINGER-NICOLSON-Modell) eingetragen: In die flüssige Lipiddoppelschicht sind die Membranproteine **mosaikartig** – wie schwimmende Inseln – eingebettet.

Biomembranen

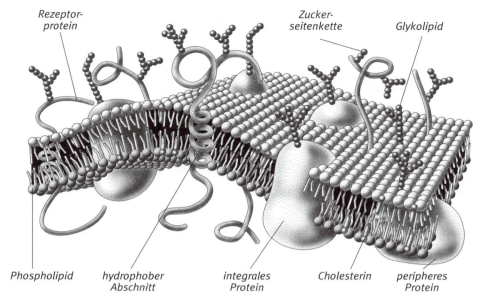

Abb. 76
Dreidimensionales Modell der Zellmembran

 Die in die Lipiddoppelschicht eingelagerten **Proteine** sind für die vielfältigen **Funktionen** biologischer Membranen zuständig.
Periphere Proteine sind nur an die Lipidschicht angelagert. **Integrale Proteine** sind durch eine **hydrophobe Region** in der Lipiddoppelschicht verankert, können sich aber wie die Lipidmoleküle in der Ebene der Membran mehr oder weniger frei **bewegen**.
Da die Zahl der Lipidmoleküle die der Proteine deutlich übertrifft, stellt man sich Proteine **mosaikartig verteilt** vor. Daher hat das Membranmodell auch seinen Namen: „fluid-mosaic"-Modell.

5.3 Transportmechanismen für kleine Moleküle und Ionen

Proteinfreie Lipiddoppelschichten sind für fast alle wasserlöslichen Moleküle völlig **undurchlässig**. Dadurch wird sehr wirkungsvoll verhindert, dass die wasserlöslichen Bestandteile einer Zelle verloren gehen.
Lediglich **Wasser**moleküle und die Moleküle der Atemgase, also **Sauerstoff** und **Kohlenstoffdioxid**, diffundieren – wohl aufgrund ihres äußerst geringen Durchmessers – leicht durch die Lipidschicht.

Jede Zelle muss aber eine Reihe lebenswichtiger Stoffe wie Zucker oder Aminosäuren durch die Zellmembran ins Zytoplasma **einschleusen** und Abbauprodukte des Stoffwechsels durch die Zellmembran **ausscheiden**.
Des Weiteren reguliert jede Zelle sehr genau die Konzentration verschiedener Ionen im Zytoplasma; auch dies erfolgt über Transportvorgänge durch die Zellmembran.

Biomembranen

Es gibt sogar spezielle Mechanismen, die es großen Molekülen (z.B. Proteinen) oder Partikeln (z.B. Viren) erlauben, die Zellmembran zu überwinden.

Alle diese **Transportvorgänge** werden von besonderen Membranproteinen durchgeführt, die deshalb als **Membran-Transportproteine** bezeichnet werden.

Es gibt sie in vielen Formen, und sie kommen in allen Typen von biologischen Membranen vor.

Jedes dieser Proteine ist für den Transport einer bestimmten Klasse von Molekülen – etwa Ionen, Zucker oder Aminosäuren – zuständig, oft sogar nur für ein bestimmtes Molekül dieser Stoffklasse, z.B. für Glukose.

> Die **selektive Permeabilität** aller biologischen Membranen hat ihre **molekulare Ursache** in der **Spezifität** der Transportproteine.

Die meisten Proteine transportieren schlicht ein Molekül von einer Seite der Membran zur anderen.

Einige Proteine arbeiten aber als **Co-Transport-Systeme**. Hier erfolgt der Transfer nur bei gleichzeitigem Transport einer anderen Molekülart. Die beiden unterschiedlichen Moleküle können entweder in der gleichen Richtung oder entgegengesetzt transportiert werden:

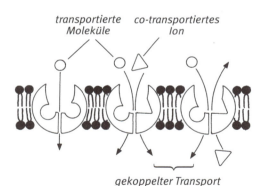

Abb. 77
Schematische Darstellung von Transportproteinen, die Moleküle einzeln oder zusammen durch die Membran schleusen

So erfolgt beispielsweise der Transport von Glukose vom Innenraum des Dünndarms ins Innere der Dünndarmzelle durch einen gleichzeitigen Einstrom von Natrium in diese Zelle. Wir kommen auf dieses Beispiel später noch zurück.

Die **Natrium-Kalium-Pumpe**, die vor allem bei Nervenzellen die Konzentrationen der beiden Ionensorten reguliert, arbeitet dagegen so, dass sie Natrium aus der Zelle heraus- und gleichzeitig Kalium in die Zelle hineintransportiert.

Viele Membran-Transportproteine ermöglichen die Durchquerung der Membran durch **passiven Transport**. Dabei bestimmt lediglich der Unterschied zwischen der Konzentration auf der einen Seite der Membran zu der auf der anderen – also der **Konzentrationsgradient** – die Richtung des Transfers. Das Molekül wird passiv, ohne Energieverbrauch, vom Ort der höheren Konzentration zum Ort der geringeren Konzentration wandern.

Erfolgt dies direkt durch die Lipidschicht, handelt es sich um **einfache Diffusion**: Dieser Transportweg eignet sich vor allem für **kleine Moleküle** wie Sauerstoff (O_2) und Kohlenstoffdioxid (CO_2), die zwischen den Lipidmolekülen hindurchschlüpfen können. Das gilt ebenso für **Wasser**! Es wird angenommen, dass auch größere Moleküle mit **hydrophoben** Eigenschaften (z. B. Fettsäuren, Cholesterin, alle Steroidhormone) auf diese Weise die Zellmembran passieren.

Biomembranen

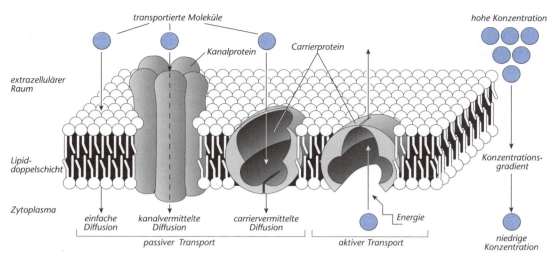

Abb. 78
Transportmechanismen durch biologische Membranen

Die Zellmembranen vieler Zellen sind allerdings so gut durchlässig für Wasser, dass dies mit einer einfachen Diffusion durch die Lipidschicht nicht zu erklären ist. Deshalb postulierten Wissenschaftler bereits Anfang der 70er Jahre des letzten Jahrhunderts spezielle Wasserkanäle, die aber erst 20 Jahre später mit molekularbiologischen Methoden entdeckt wurden. Sie finden sich in allen Lebensformen von Bakterien über Pflanzen und Tiere bis zu uns Menschen und werden als **Aquaporine*** bezeichnet.

Beim Menschen wurden bisher elf verschiedene Aquaporine identifiziert, die mit den Ziffern 0-10 bezeichnet werden. Sie kommen in unterschiedlichen Geweben vor und sind dort an einer Vielzahl von physiologischen Prozessen wie der Erzeugung von Flüssigkeiten (z.B. Tränen, Kammerwasser in den Augen, Speichel, Schweiß, Gallensaft) oder der Rückgewinnung von Wasser in den Nieren beteiligt.

Alle Aquaporine sind integrale Membranproteine, deren Polypeptidkette sechsmal schraubig gewunden durch die Lipiddoppelschicht geflochten ist. Diese sechs Schrauben bilden in ihrem Inneren einen Kanal, der hochselektiv nur für Wassermoleküle durchlässig ist. Die Selektivität kommt durch eine Besonderheit in der molekularen Architektur der Aquaporine zustande (vgl. Abb. 79): In der Mitte des Wasserkanals verengt sich die Pore auf einen Durchmesser von 0,28 nm. Das entspricht etwa dem Durchmesser eines einzelnen Wassermoleküls. Ionen und andere kleine Moleküle können diese Stelle nicht passieren. Obwohl dadurch die Wanderung quasi im Gänsemarsch erfolgt, beträgt die Durchflussrate bei Aquaporin-1 drei Milliarden Wassermoleküle pro Sekunde! Das ist erheblich schneller als bei jedem anderen Kanalprotein.

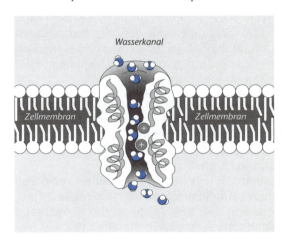

Abb. 79
Schematische Darstellung des Wasserkanals in einem Aquaporin-Molekül

Biomembranen

> **Aufgabe**
>
> Frosch-Eizellen sind, damit sie in Süßwasserteichen überleben, nur wenig durchlässig für Wasser. In einige Test-Eizellen wurde die RNA, die die Information zur Synthese von Aquaporin-1-Kanälen enthielt, injiziert. In Kontroll-Eizellen wurde reines Wasser injiziert. Nach drei Tagen wurden alle Eizellen in destilliertes Wasser überführt. Die Kontroll-Eizellen blieben praktisch unverändert, während die Test-Eizellen zunächst anschwollen und dann platzten wie Popcorn. Erklären Sie den Unterschied.

Für alle **hydrophilen** Moleküle, die größer sind als Wasser, ist die hydrophobe Lipiddoppelschicht so gut wie undurchlässig. Sogar kleine **Ionen** wie Natrium (Na^+), Kalium (K^+) oder Calcium (Ca^{++}) besitzen relativ große Wasserhüllen, die eine einfache Diffusion behindern. Sie können die Membran nur durch **Kanalproteine** passieren.

Abbildung 80 zeigt, wie ein solches Kanalprotein aufgebaut ist. Fünf gleichartige Untereinheiten sind so zusammengelagert, dass im Inneren eine Art **Tunnel** entsteht. Jede Untereinheit besteht aus einer Polypeptidkette von etwa 500 Aminosäuren. Ein Teil der Abbildung zeigt, dass jede Polypeptidkette viermal schraubig gewunden durch die Lipiddoppelschicht geflochten ist. Eine der Schrauben (blau gefärbt) enthält viele **hydrophile** Aminosäuren. Diese Schraube bildet zusammen mit den vier der anderen Untereinheiten die Wand eines wassergefüllten Kanals, durch den die hydrophilen Ionen diffundieren können.

Allerdings sind nicht alle Kanäle dauernd geöffnet. Einige sind normalerweise geschlossen und **öffnen sich** nur vorübergehend als **Reaktion** auf ein (meist extrazelluläres) **Signal**.
Chemisch gesteuerte Kanäle reagieren dabei auf einen **Botenstoff** – z.B. einen Neurotansmitter wie Acetylcholin –, während **spannungsgesteuerte Kanäle**, wie sie vor allem in der Zellmembran von Nervenfasern vorkommen, auf **Änderungen des Membranpotentials** reagieren.

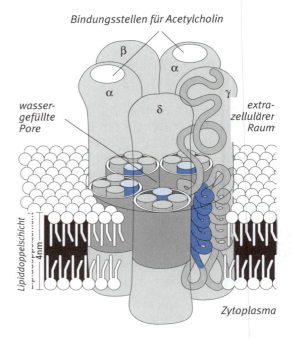

Abb. 80
Modell eines Kanalproteins

Anders beim so genannten **Carrier-Transport**. Carrierproteine **binden** die zu transportierenden Moleküle und **transferieren** sie in diesem Zustand auf die andere Seite der Membran.

Im Unterschied zu den Kanalproteinen sind Carrierproteine **hochspezifisch** für ein bestimmtes Molekül. Sie verhalten sich in dieser Hinsicht wie Enzyme.

Jedes Carrierprotein verfügt über eine spezifisch gestaltete **Bindungsstelle**, in die das zu transportierende Molekül passt wie der Schlüssel zu seinem Schloss (vgl. Abb. 81).

Die **Transportgeschwindigkeit** ist deshalb nicht ausschließlich vom Konzentrationsgradienten abhängig; denn je mehr Moleküle transportiert werden, desto mehr Bindungsstellen sind gleichzeitig besetzt.

Wenn alle Bindungsstellen besetzt sind, hat das Carrierprotein seine Maximalgeschwindigkeit erreicht.

Aufgabe

  Bringt man rote Blutzellen (Erythrozyten) in **Glukoselösungen verschiedener Konzentration,** so nehmen sie Glukose bis zum jeweiligen Konzentrationsausgleich auf. Dieser Vorgang kann einige Stunden dauern.

Entnimmt man aber aus jeder der verschieden konzentrierten Glukoselösungen die Zellen schon nach einer Stunde und bestimmt die inzwischen aufgenommene Glukosemenge, so erhält man ganz unterschiedliche Werte.

Trägt man diese Werte für die Glukosekonzentration in den Zellen gegen die Glukosekonzentration in den Lösungen in ein Diagramm ein, erhält man eine sogenannte Sättigungskurve (siehe rechts).

a) Wie lassen sich die Versuchsergebnisse erklären?

b) Warum liegen die Schnittpunkte nicht auf einer Geraden?

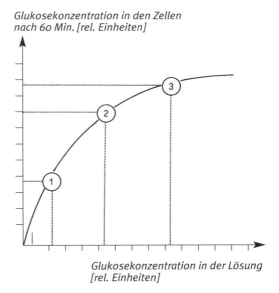

Glukoseaufnahme in rote Blutzellen (Erythrozyten)

Obwohl diese Besonderheiten des Carrier-Transportes bekannt sind, weiß man noch immer nichts Genaueres über die **Funktionsweise**.

Nach einer mittlerweile überholten Vorstellung bindet das Protein das zu transportierende Molekül auf der einen Seite der Membran, diffundiert dann durch die Membran und gibt das Molekül auf der anderen Seite wieder frei (**Fährboot-Mechanismus**).

Einem anderen Modell zufolge dreht sich das Protein innerhalb der Membran und bringt seine Bindungsstelle mitsamt dem angehefteten Molekül von der einen Seite auf die andere (**Drehtür-Mechanismus**).

Beide Erklärungen gehen von der Möglichkeit radikaler Umorientierungen der Carrierproteine in der Membran aus.

Biomembranen

 Aufgrund welcher Eigenschaften der Membranproteine sind die beiden oben beschriebenen Transportmechanismen unwahrscheinlich?

Wahrscheinlicher ist, dass Carrierproteine durch eine **oszillierende*** **Konformationsänderung** Moleküle durch die Membran schleusen. Abbildung 81 zeigt in stark schematisierter Form, wie ein solcher gleichsam nach dem **Ping-Pong-System** funktionierender Transport vor sich gehen könnte:

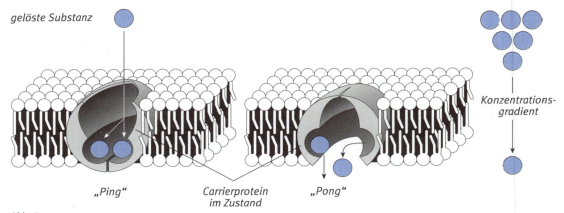

Abb. 81
Carrier-Transport

Das Protein kann in zwei Konformationen vorliegen:

- Im Zustand **„Ping"** sind die Bindungsstellen für das zu transportierende Molekül zur **Zellaußenseite** hin geöffnet. Durch Anlagerung des zu transportierenden Moleküls ändert sich die Konformation des Proteins.

- Im Zustand **„Pong"** sind die Bindungsstellen zur **Zellinnenseite** hin geöffnet.

Da die Konzentration des zu transportierenden Moleküls außen höher ist als in der Zelle, wird es sich bevorzugt im „Ping"-Zustand an das Protein anlagern und im „Pong"-Zustand abspringen. Das Molekül wird also **in Richtung seines Konzentrationsgradienten** transportiert.
Carrierproteine können spezielle Moleküle aber auch in Abwesenheit des oder sogar entgegen dem Konzentrationsgradienten durch die Membran transportieren, also einen **aktiven Transport** durchführen.
Anders als der passive Transport, der ja spontan und von sich aus abläuft, muss der aktive Transport immer an eine **Energiequelle** gekoppelt sein.
Das Carrierprotein nutzt dazu entweder in ATP gespeicherte **Stoffwechselenergie**, die die Mitochondrien liefern, oder den **Co-Transport** von Ionen, die dabei ihrem Konzentrationsgradienten folgen.

Alle Varianten des aktiven und passiven Transports lassen sich am **Beispiel** der **Dünndarm-Epithelzelle** sehr gut demonstrieren. Wie die elektronenmikroskopische Aufnahme zeigt, sind solche Epithelzellen **asymmetrisch** gebaut.
Die dem Darm zugewandte Fläche der Zellmembran ist durch die Ausbildung tausen-

der **fingerförmiger Ausstülpungen**, sogenannter **Mikrozotten**, extrem vergrößert (vgl. Abb. 82).

Im Sinne des Struktur-Funktions-Zusammenhangs hat diese Oberflächenvergrößerung die Aufgabe, die **Transportkapazität** für Moleküle aus dem Verdauungsprozess bis auf das 25-fache der Grundfläche zu **erweitern**.

Die Asymmetrie reicht aber noch weiter. Eine Darmepithelzelle soll ja für den Körper verwertbare Moleküle vom Darm ins Blut transportieren. Dazu müssen die Moleküle zweimal die Zellmembran der Epithelzelle passieren: zunächst vom Darm ins Zytoplasma und dann vom Zytoplasma ins Blut.
Die Transportrichtung durch die Zellmembran kehrt sich also um. Die Transportproteine müssen dementsprechend in der jeweiligen Membranfläche anders orientiert sein (vgl. Abb. 83):

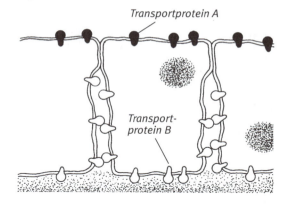

Abb. 83
Die asymmetrische Verteilung der Transportproteine in der Zellmembran einer Dünndarm-Epithelzelle

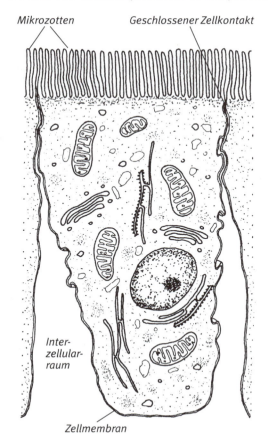

Abb. 82
Dünndarm-Epithelzelle nach elektronenmikroskopischen Aufnahmen

Wie Abbildung 84 zeigt, wird die **Glukose** aus dem Darm durch ein Carrierprotein ins Zytoplasma transportiert, das gleichzeitig **Natriumionen** in die Zelle einschleust. Der Glukosetransport setzt also einen **Natriumgradienten** vom Darm in das Zytoplasma voraus.
Weil Natrium seinem Konzentrationsgradienten folgend in die Zelle einströmt, „schleppt" es auf diese Weise die Glukose automatisch mit durch die Membran.

Für die Glukose muss ein solcher Konzentrationsgradient vom Darm ins Zytoplasma nicht existieren. Im Gegenteil: Die Glukosekonzentration könnte im Zytoplasma sogar höher sein als im Darm. Glukose wird ja durch den gekoppelten Natriumeinstrom mittransportiert.

Die **Geschwindigkeit** der Glukoseaufnahme hängt demnach davon ab, wie groß der Konzentrationsgradient für Natrium ist. Bei geringer Natriumkonzentration im Darm kommt auch der Glukosetransport zum Erliegen.

Eine Darmepithelzelle pumpt auf diese Weise ungeheure Mengen an Glukose (und anderen Verdauungsprodukten) aus dem Darm in ihr Zellinneres und gibt den größten Teil davon ans Blut ab.

Biomembranen

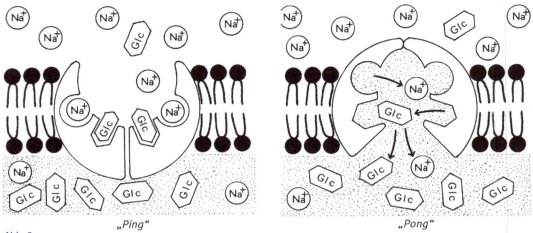

"Ping" "Pong"

Abb. 84
Natriumgekoppelte Glukosepumpe, die nach dem Ping-Pong-Prinzip arbeitet

Dazu wiederum muss die Glukose aus dem Zytoplasma durch die Zellmembran, die an das Blutgefäß angrenzt, geschleust werden. Das geschieht durch ein anderes Carrierprotein, das die Glukose, ihrem eigenen Konzentrationsgradienten folgend (also natriumunabhängig), aus der Zelle transportiert. In derselben Membranfläche ist eine **Natrium-Kalium-Pumpe** lokalisiert (vgl. Abb. 85), die **unter Verbrauch von Stoffwechselenergie (ATP)** Natriumionen aktiv, also gegen den Konzentrationsgradienten, aus dem Zytoplasma ins Blut pumpt. Dadurch gewährleistet die Epithelzelle eine niedrige Natriumkonzentration im Zytoplasma, die ja die Voraussetzung für den natriumgekoppelten Glukoseeinstrom aus dem Darm bildet.
Deshalb bezeichnet man den **natriumgekoppelten Glukosetransport** auch als **sekundär aktiven Transport**, weil die Stoffwechselenergie der Zelle nicht unmittelbar, sondern indirekt über den aktiv erzeugten Natriumgradienten genutzt wird.
Solche natriumgekoppelten, **sekundär aktiven Carrierproteine** gibt es nicht nur für Glukose, sondern sind auch für **Aminosäuren** nachgewiesen. Auch sie sind asymmetrisch in der Zellmembran verteilt, allerdings auf die Membranfläche, die der Darmhöhle zugewandt ist, beschränkt.
Eigentlich widerspricht die asymmetrische Verteilung der Carrierproteine der **Bewegungsmöglichkeit** in der Membranebene.

Tatsächlich hindern **Epithelzellen** die Membranproteine an der Wanderung von einem Membranbereich zum anderen durch einen **geschlossenen Zellkontakt** (engl. **tight junction**) (vgl. Abb. 82). Solche Zellkontakte ziehen sich wie Dichtungsringe zwischen den Zellmembranen um benachbarte Epithelzel-

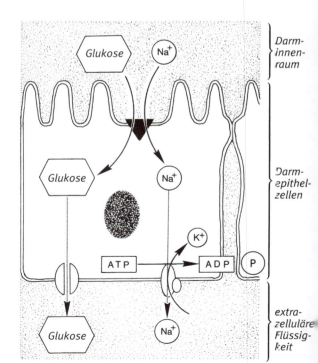

Abb. 85
Natriumgekoppelter sekundär aktiver Glukosetransport

Biomembranen

len herum und unterteilen deren Zellmembranen somit in zwei Bereiche: einen „oberen" zur Darmseite hin und einen „seitlichen" und „unteren" zum Blutgefäß hin.

Innerhalb ihres Bereiches können sich die Membranproteine frei bewegen, doch sie können nicht in den anderen Bereich gelangen, da die geschlossenen Zellkontakte sie daran hindern.

Die geschlossenen Zellkontakte leisten aber noch mehr. Da die Darmepithelzellen nur verwertbare Moleküle gezielt (**selektiv**) vom Darm ins Blut transportieren sollen, müssen sie ohne Zwischenräume miteinander verbunden sein, damit keine Moleküle zwischen den Zellen (sozusagen an ihnen vorbei) ins Blut diffundieren.

Darmepithelzellen sind aber auch noch durch **offene Zellkontakte** miteinander verbunden (engl. **gap junction**).

Dazu werden zwei **Kanalproteine** benachbarter Zellen so miteinander verzahnt, dass sie einen **durchgehenden Tunnel** von Zelle zu Zelle bilden. Durch diese Öffnung können benachbarte Zellen kleine Moleküle austauschen und ihre Aktivitäten aufeinander abstimmen.

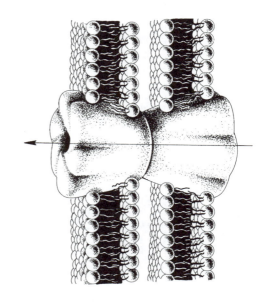

Abb. 86
Offener Zellkontakt zwischen zwei benachbarten Epithelzellen

 Lipiddoppelschichten sind für die meisten wasserlöslichen Moleküle **undurchlässig**.

Um dennoch solche Substanzen durch die Zellmembran transportieren zu können, enthält diese spezifische **Transportproteine**; sie sind jeweils für den Transport eines ganz **bestimmten** Stoffes durch die Membran verantwortlich:

- **Kanalproteine** bilden **hydrophile Tunnel**, durch die Wasser und Ionen ihrem **Konzentrationsgradienten** folgend diffundieren können; einige Kanalproteine sind normalerweise geschlossen und werden erst auf ein Signal hin geöffnet.

- **Carrierproteine** dagegen binden spezifisch ihren Stoff und geben ihn nach einer **oszillierenden Konformationsänderung** auf der anderen Seite der Zellmembran wieder ab; unter Verwendung von Stoffwechselenergie können solche Carrierproteine eine Substanz auch gegen einen Konzentrationsgradienten, also **aktiv**, transportieren.

Durch **offene Zellkontakte**, bei denen je zwei Kanalproteine miteinander verzahnt werden, können benachbarte Zellen **direkt** untereinander Stoffe austauschen und ihre Aktivitäten aufeinander abstimmen.

5.4 Membrantransport von Makromolekülen und Partikeln

Die Transportproteine ermöglichen kleinen wasserlöslichen Molekülen und Ionen die Durchquerung der Zellmembran und sichern auf diese Weise gezielt die Versorgung der Zellen mit den lebensnotwendigen Substanzen.

Es gibt aber eine Reihe von Stoffen, die wegen ihrer Größe nicht auf diesem Weg in die Zellen gelangen können.

Für deren Transport verfügen Zellen über einen Mechanismus, der sich grundlegend von den bisher besprochenen unterscheidet: Die aufzunehmenden Substanzen werden von einem kleinen Teil der Zellmembran **umschlossen**; dieser Bereich stülpt sich weiter nach innen und schnürt sich schließlich als **membranumschlossener Vesikel (Bläschen)** ab. Dieser Vorgang wird als **Endozytose*** bezeichnet:

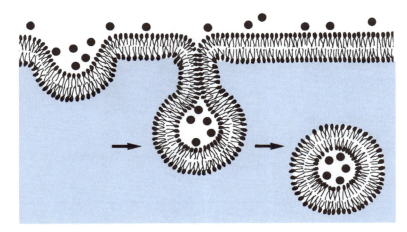

Abb. 87
Endozytose

Je **nach Größe** der aufgenommenen Substanzen unterscheidet man **zwei Typen** der Endozytose:

- Bei der **Pinozytose*** werden **in Flüssigkeit gelöste** größere Moleküle aufgenommen, was dem Vorgang des Trinkens entspricht.
- Bei der **Phagozytose*** werden **große Partikel** wie Viren, Bakterien oder Zelltrümmer durch Ausbildung sehr **großer Vesikel**, die dann als **Vakuolen** bezeichnet werden, verschlungen, also regelrecht gefressen.

Speziell der Vorgang der Phagocytose lässt sich leicht mit Hilfe des Lichtmikroskops beobachten und untersuchen.

Bei **Einzellern** wie beispielsweise dem Pantoffeltierchen dient die Phagozytose der **Nahrungsaufnahme**.

Aber auch für viele Zelltypen des mehrzelligen tierischen Organismus ist der Vorgang der Endozytose nachgewiesen.

Allerdings wird die Phagozytose hauptsächlich bei **spezialisierten Zellen** beobachtet, z.B. bei Makrophagen (Riesenfresszellen) des Abwehrsystems (*vgl. Kap. F*). Die meisten Zellen nehmen Substanzen auf dem Wege der Pinozytose auf. Daher werden die Begriffe Pinozytose und Endozytose oft synonym verwendet.

Nahezu alle eukaryotischen Zellen nehmen **kontinuierlich** extrazelluläre Flüssigkeit mit den darin gelösten Stoffen durch Endozytose in sich auf. Die dabei gebildeten Endozytose-Vesikel verschmelzen in der Regel in der Zelle mit **Lysosomen,** die abbauende Enzyme enthalten (*vgl. Kap. A.3.2.7*).

Durch die Wirkung dieser Enzyme werden die eingeschleusten Makromoleküle **zerlegt** und die Abbauprodukte durch die Vesikelmembran **ins Zytoplasma transportiert**.

So nimmt z.B. ein **Makrophage*** jede Stunde etwa 25% seines eigenen Volumens durch Endozytose auf. Dazu schleust er pro Minute etwa 3% seiner Zellmembran in Form von Vesikeln ein. Nach einer halben Stunde wäre seine Zellmembran theoretisch aufgebraucht. Da aber während dieser Zeit die Zelloberfläche und das Zellvolumen unverändert bleiben, muss die durch Endozytose verloren gegangene Membranfläche ersetzt worden sein.

Dabei gilt, dass Membranen immer nur an Membranen entstehen.

Das kann im Prinzip auf zweierlei Weise geschehen. Die Zelle stellt kontinuierlich neue Membranen am **endoplasmatischen Reticulum** her und integriert sie in die Zellmembran – dies wäre mit einer immensen Syntheseleistung verbunden.

Deshalb wird ein anderer Weg eingeschlagen: Die Endozytose-Vesikel werden, nachdem sie ihr brauchbares Inneres ans Zytoplasma abgegeben haben, zurück zur Zellmembran gebracht, wo ihre Membranen mit der Zellmembran **fusionieren** und die unverdauten Reste in die umgebende Flüssigkeit entleert werden.

Dieser Vorgang wird als **Exozytose*** bezeichnet. Er verläuft wie eine Endozytose im „Rückwärtsgang":

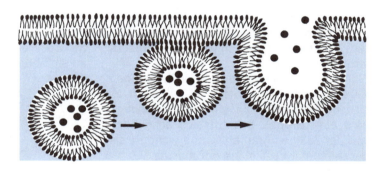

Abb. 88
Exozytose

Durch Exozytose gelangen aber nicht nur Endozytose-Vesikel zur Zellmembran zurück (**Membran-Recycling**).

Auch **neu gebildete Membranbestandteile** werden auf diesem Weg in die Zellmembran integriert.

Ferner werden **von der Zelle hergestellte Makromoleküle**, die ausgeschleust werden sollen, auf diese Weise abgegeben.

Neben der kontinuierlichen Endozytose, über die sehr unspezifisch größere Moleküle ins Zellinnere gelangen, verfügen Zellen über einen ganz ähnlichen Mechanismus, der die Aufnahme größerer Mengen einer ganz bestimmten Substanz erlaubt, ohne das entsprechende Volumen an Flüssigkeit verkraften zu müssen.

Dabei spielen in der Lipiddoppelschicht der Membran verankerte **Rezeptorproteine** eine entscheidende Rolle. Der Vorgang wird dementsprechend als **rezeptorvermittelte Endozytose** bezeichnet.

Der größte Anteil dieser Proteinketten befindet sich jeweils außerhalb der Zelle und ist so gestaltet, dass ein bestimmtes Molekül zu dieser Struktur passt wie der Schlüssel zu seinem Schloss (*vgl. Abb. 76*).

Wenn sich nun an ein solches Rezeptorprotein das passende Molekül angelagert hat, wandert der ganze **Molekül-Rezeptor-Komplex** in eine kleine **Einbuchtung** der Zellmembran, die an dieser Stelle auf der Innenseite **beschichtet** ist. Die elektronenmikroskopische Aufnahme (*vgl. Abb. 89* ①) zeigt diesen Moment deutlich:

Biomembranen

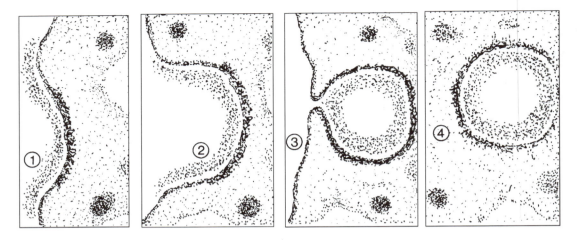

Abb. 89
Rezeptorvermittelte Endozytose von Lipoprotein-Partikeln nach elektronenmikroskopischen Aufnahmen

Andere Membranproteine werden aus einem solchen beschichteten Grübchen ferngehalten; es arbeitet demnach wie eine „molekulare Sortiermaschine".

Während sich das Grübchen mit beladenen Rezeptoren füllt (vgl. Abb. 89 ②), senkt es sich tiefer nach innen (aus dem Grübchen wird eine Grube), schnürt sich schließlich von der Zellmembran ab ③ und wandert als beschichteter Vesikel ins Zytoplasma ④.

Dort wird die Beschichtung abgeworfen. Sie hatte offensichtlich eine wichtige Aufgabe bei der **Verankerung** der Rezeptorproteine im sich bildenden Vesikel und ist nun überflüssig.

Abbildung 90 zeigt den gesamten Vorgang noch einmal als dreidimensionales Schema.

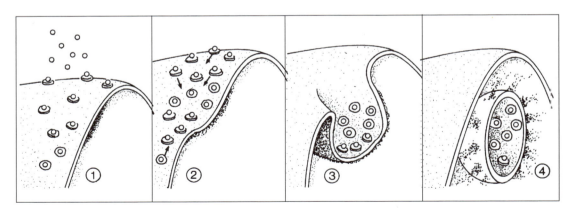

Abb. 90
Dreidimensionales Schema der rezeptorvermittelten Endozytose

Biomembranen

Aufgabe

D10 Die Abbildung zeigt, wie Viren in eine Zelle eindringen.

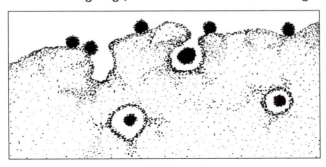

Viren, die in eine Zelle eindringen, nach elektronenmikroskopischen Aufnahmen

a) Erläutern Sie anhand der Abbildung, welchen **zellulären Transportmechanismus** sich die Viren zunutze machen, und beschreiben Sie, wie dieser normalerweise abläuft.

b) Begründen Sie, über welche **besonderen Voraussetzungen** die Viren verfügen müssen, um diesen Transportweg nutzen zu können.

c) Weshalb ist es so schwierig, **Virus-Infektionen** zu bekämpfen?

Neben kleineren Molekülen und Ionen nehmen die meisten tierischen Zellen auch **Makromoleküle** durch Endozytose auf oder scheiden sie durch Exozytose aus.

Bei der **Endozytose** stülpen sich kleine Abschnitte der Membran nach innen und schnüren sich als **Vesikel** ab.
Bei der **Exozytose** ist die Reihenfolge **umgekehrt**: Beladene Vesikel fusionieren mit der Zellmembran und entleeren ihren Inhalt nach außen.

Die meisten tierischen Zellen endozytieren fortwährend über einen Teil ihrer Zellmembran **unspezifisch** extrazelluläre Flüssigkeit und die in ihr enthaltenen Stoffe.

Daneben existiert noch ein besonderer Mechanismus, mit dessen Hilfe extrazelluläre Makromoleküle, gebunden an Rezeptoren, sehr **gezielt** und **konzentriert** ins Zellinnere befördert werden. Dieser Vorgang heißt **rezeptorvermittelte Endozytose**.

Größere extrazelluläre Partikel wie Mikroorganismen werden hauptsächlich von „professionellen Zelltypen" (z.B. Makrophagen) durch **Phagozytose** einverleibt. Auch dieser Vorgang ist in der Regel rezeptorvermittelt.

Einzeller – Kriterien des Lebens

1. Einzeller

Die Zelle ist die kleinste noch selbstständig lebensfähige Einheit eines Organismus. Leben lässt sich als zellulär organisiert definieren.
Entweder besteht der gesamte Organismus wie bei den Einzellern aus einer **einzigen Zelle**, oder es sind mehrere bis viele Zellen zu **Zellverbänden** und höheren Organisationsformen zusammengeschlossen. Sie bilden dann in ihrer Gesamtheit den vielzelligen Organismus.
Oft wird im Zusammenhang mit den Einzellern der Begriff „primitiv" verwendet, der in der Umgangssprache einen eher negativen Beigeschmack hat. Dieser Terminus ist jedoch für den einzelligen Organismus unangebracht, da eine alle Funktionen in sich vereinigende Zelle in ihrer Komplexität mit den differenzierten Zellen (mit begrenzter Funktion) der vielzelligen Organismen vergleichbar ist.
Die Einzeller stellen **funktionsfähige Organismen** dar, sie „leben" also, und damit können sie als Modelle für Lebewesen schlechthin angesehen werden. Indem wir die Fähigkeiten der Einzeller beschreiben, entwickeln wir indirekt Kriterien, die für alle Lebewesen zutreffen müssen und damit „Leben" ganz allgemein beschreiben.
Nahezu alle Einzeller sind auf das Leben im **wässrigen Milieu** angewiesen. So findet man z.B. bei der mikroskopischen Analyse von Tümpel- oder Aquarienwasser meist eine große Vielzahl und Formenvielfalt an Einzellern. Bei der Untersuchung von Wasser und der Beurteilung seiner Güte dienen bestimmte Einzellerarten als sogenannte **Leitorganismen**, d.h. ihr Vorkommen ist ein Anzeichen für die „ökologische Qualität" der untersuchten Probe (*vgl. mentor Abiturhilfe Ökologie*).

Bevor wir uns den Leistungen der „Einzeller-Zelle" zuwenden, wollen wir die drei wichtigsten Familien zunächst an Beispielen kennenlernen.

1.1. Die Rhizopoden

Die bekanntesten Vertreter dieser auch als **Wurzelfüßler** oder **Wechseltierchen** bezeichneten Familie sind die **Amöben**, z.B. *Amoeba proteus*. Sie haben eine veränderliche Zellform und bewegen sich über die Ausbildung von **„Scheinfüßchen" (Pseudopodien)** fort. Ihr Zellinneres gliedert sich in ein gelartiges, helles Ektoplasma und ein relativ flüssiges (solartiges), körniges Endoplasma. Häufig finden sich im Zellinneren Nahrungsvakuolen.

Bei mikroskopischen Untersuchungen fällt eine Vakuole auf, die sich rhythmisch ausdehnt und zusammenzieht. Wegen dieses „rhythmischen Schlagens" heißt sie **kontraktile* Vakuole**. Ihre Funktion hängt mit dem Leben im Süßwasser zusammen. Sie ist dafür verantwortlich, dass das durch osmotische Vorgänge eingeströmte Wasser wieder aus der Zelle transportiert wird (*vgl. Abb. 91*).

Einzeller – Kriterien des Lebens

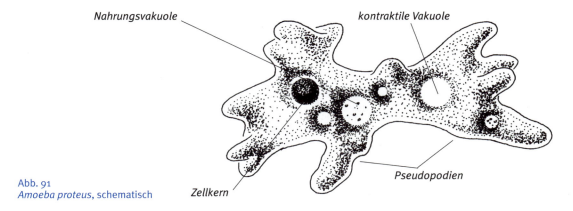

Abb. 91
Amoeba proteus, schematisch

1.2 Die Flagellaten

Der wohl bekannteste Vertreter aus der Familie der **Geißeltierchen** ist das **Augentierchen** (*Euglena viridis*). Die Flagellaten haben eine meist spindelförmige Gestalt und als Bewegungsorganell eine bis vier Geißeln. Diese **Flagellen** können zur Fortbewegung sehr unterschiedliche Schlag- oder Schraubenbewegungen durchführen. Das Innere der Geißeln besteht aus Mikrotubulisträngen (vgl. Kap. A.3.2.8). Auch bei den Geißeltierchen findet man eine kontraktile Vakuole und teilweise Chloroplasten.

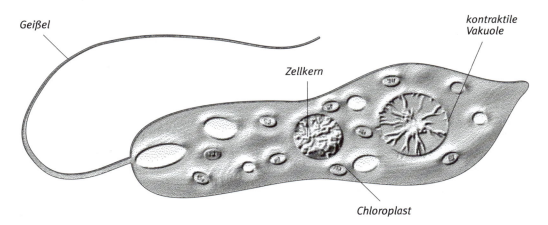

Abb. 92
Euglena viridis, schematisch

1.3 Die Ciliaten

Die bekanntesten Vertreter aus der Familie der **Wimpertierchen** sind die **Pantoffeltierchen**. Die im lichtmikroskopischen Bild pantoffelförmig aussehenden Einzeller sind von einem dichten Kranz aus kleinen Wimpern umgeben. Diese **Cilien** dienen als Fortbewegungsorganelle und zum Einstrudeln von Nahrungspartikeln. Ihr Schlagrhythmus ist exakt koordiniert. Neben den schon bekannten Strukturmerkmalen wie Nah-

Einzeller – Kriterien des Lebens

rungsvakuolen und kontraktiler Vakuole verfügen sie über einen spezifischen Bereich der Nahrungsaufnahme (Zellmund) und der -abgabe (Zellafter) sowie über einen in Groß- und Kleinkern differenzierten Zellkern.

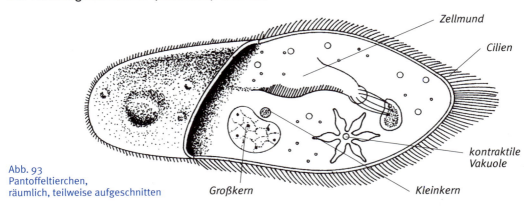

Abb. 93
Pantoffeltierchen, räumlich, teilweise aufgeschnitten

Aufgabe

E01 Weshalb besitzen im Meer lebende Einzeller keine kontraktile Vakuole?

2. Kriterien des Lebens

Am Beispiel der **Pantoffeltierchen** wollen wir uns nun mit den Fähigkeiten der Zelle auseinandersetzen und daraus Kriterien für „Leben" schlechthin entwickeln:

Stoffwechsel

Mithilfe von Pinozytose und Phagozytose nehmen die Pantoffeltierchen hochmolekulare organische Stoffe aus ihrer Umwelt auf, schließen sie in eine Nahrungsvakuole ein, verdauen sie und scheiden die unverdaulichen Reste über Exozytose-Vorgänge wieder aus. Eine Versorgung mit Energie- und Baustoffen ist damit sichergestellt.

Der für die abbauenden Stoffwechselprozesse notwendige Sauerstoff wird durch Diffusion direkt aus dem umgebenden Wasser aufgenommen. Mit Hilfe der kontraktilen Vakuole werden überschüssiges Wasser und lösliche Stoffwechselendprodukte ausgeschieden und damit der Salzgehalt reguliert.

Wachstum und Fortpflanzung

Bei ausreichender Energiezufuhr können Zellen wachsen. Sie nehmen dabei an Volumen zu. Vielzellige Organismen „wachsen" auch durch Vermehrung/Teilung ihrer Zellen. Befinden sich Pantoffeltierchen in einer für sie optimalen Umgebung, kommt es zu schnellem Wachstum und reger Vermehrung. Die Vermehrung erfolgt größtenteils **vegetativ**, d.h. durch einfache **Zweiteilung**: Die beiden entstehenden Tochterindividuen sind nach der Trennung der Zellen genetisch gleich. Verschlechtern sich die Umweltbedingungen drastisch, kommt es verstärkt zu **generativen (geschlechtlichen)** Fortpflanzungsprozessen. Da hierbei genetische Informationen neu „gemischt" werden, erhöht sich die Chance für das Überleben unter den neuen Umweltbedingungen.

Bewegung

Alle einzelligen und vielzelligen Organismen können sich spontan, d.h. aus sich heraus, bewegen (z.B. Ortsbewegungen bei Einzellern und Tieren, Wachstumsbewegungen bei Pflanzen). Die Bewegungsfähigkeit ist dabei nicht nur eine Eigenschaft ganzer Organismen, sondern auch jeder einzelnen Zelle (vgl. Zellteilung).

Reizbarkeit

Mit Reizbarkeit ist die Fähigkeit umschrieben, auf äußere und innere Reize in bestimmter Weise zu reagieren (sich zu verhalten). Dies erfordert die Fähigkeit zur

- Reizaufnahme,
- Reizleitung,
- Reizverarbeitung und
- Reizbeantwortung.

Die Reizaufnahme ist dabei an Wahrnehmungsstrukturen (bei Mehrzellern z.B. Sinnesorgane), die Beantwortung an „reaktive Strukturen" (bei Mehrzellern z.B. Muskeln oder Drüsen) gebunden.

Pantoffeltierchen können beispielsweise sehr gezielt auf chemische Reize reagieren. Die Reizaufnahme erfolgt dabei über die Membran: In einem vorhandenen Konzentrationsgradienten sammeln sich die Tierchen in dem ihnen zuträglichsten Milieu gezielt an. Sie zeigen also eine gerichtete Ortsbewegung; diese wird, da sie durch chemische Reize ausgelöst wird, als **Chemotaxis*** bezeichnet. Werden Pantoffeltierchen hingegen mechanisch gereizt, zeigen sie ungerichtete Reaktionen vom Reiz weg (Schreckreaktionen, **Phobien***).

Individualität und Anpassungsfähigkeit

Stammen Organismen aus einem generativen Prozess, so ist schon allein durch die Unterschiedlichkeit ihrer genetischen Ausstattung die **Einzigartigkeit** (**Individualität**) gewährleistet. Aber selbst Organismen, die durch vegetative (ungeschlechtliche) Vorgänge, also einfache Zweiteilungen, entstanden sind und damit über weitgehend identische Erbanlagen verfügen, differenzieren sich in **Wechselwirkung** mit den entsprechenden **Umweltbedingungen** unterschiedlich aus.

Die Fähigkeit, sich an bestimmte Umwelten anzupassen, ist eine der wesentlichsten Leistungen von Zellen und Organismen: Ein Zusammen- und Wechselspiel zwischen Reizbarkeit (Erkennen und Bewerten der Umweltbedingungen), Stoffwechsel (Bereitstellung der Energie- und Baustoffe) und Wachstum (als Zelldifferenzierung und gezielte Zellvermehrung) stellt hierfür die Grundlage dar.

Entwicklung und Evolution

Die Ausdifferenziertheit und Individualität ist das Ergebnis eines Entwicklungsvorganges und „Ausgangsmaterial" für die Evolution. Die Evolution wird deutlich in der **Veränderung der Lebewesen hinsichtlich ihrer Strukturmerkmale** und ihrer **genetischen Ausstattung**. Diese Veränderungen finden im Rahmen von erdgeschichtlichen Zeitdimensionen statt (*vgl. mentor Abiturhilfe Evolution*).

Altern und Tod

Lebewesen sind in eine Abfolge von Entstehen und Vergehen eingebettet. Da keine permanente Erneuerung stattfinden kann, kommt es zur Alterung, die z.B. im Anhäufen von Stoffwechselschlacken im Innern der Zellen deutlich wird; als letzte Konsequenz hat sie den Tod zur Folge. Das Fortleben findet dann in Individuen der nächsten Generation statt.

Dieser Alterstod trifft für Einzeller nur bedingt zu, da sie im Prinzip in ihren Tochterzellen weiterleben, die im Normalfall durch einfache Zweiteilung aus der Mutterzelle entstanden sind. Einzeller sind damit quasi unsterblich.

F Zellbiologie des Immunsystems

1. Grundlagen der Immunbiologie

Die Lebensräume der Erde sind begrenzt. Diese Tatsache führt zu einer unausweichlichen **Konkurrenz** unter den hier existierenden Organismen. Unter den Konkurrenten sind auch solche, die sich darauf spezialisiert haben, in andere Lebewesen einzudringen und sich dort auf deren Kosten zu vermehren. Dazu zählen beim Menschen:

- Mikroorganismen (Viren, Bakterien)
- Pilze
- Parasiten (Einzeller, Würmer).

Die Angriffe durch diese Organismen schädigen die Betroffenen und führen zu **Krankheiten**; sie würden in den meisten Fällen sogar tödlich enden, hätten sich nicht im Verlauf der Evolution **Abwehrmechanismen** herausgebildet, die weitgehend schützen.

Die Fähigkeit eines Organismus, sich vor Angriffen durch Krankheitserreger zu schützen, macht ihn in der Regel **immun**. Diese Immunität ist zum Teil angeboren, zum Teil erworben.

- Die **angeborene Immunität** umfasst all die Abwehrmaßnahmen, die ein Individuum von Geburt an besitzt und die im Allgemeinen stets verfügbar sind. Es handelt sich im Wesentlichen um **physikalische und chemische Barrieren** auf den Oberflächen der Haut und den Schleimhäuten der Lunge, der Verdauungsorgane sowie der Geschlechtsorgane. Ihre Aufgabe ist es, das Eindringen von infektiösen Mikroorganismen zu verhindern. Diese Barrieren verleihen jedem Organismus eine **natürliche Resistenz*** gegenüber Infektionen.

- Die Mikroorganismen haben sich aber so entwickelt, dass es vielen ohne Weiteres möglich ist, der Zerstörung zu entgehen und diese Körperbarrieren zu überwinden. In diesen Fällen kommen die **Zellen des Immunsystems** (vgl. Abb. 94) zum Zug: Sie **erkennen** die eingedrungenen Erreger und lösen eine sehr **spezifische Immunreaktion** aus, die im Idealfall die Zerstörung der Eindringlinge bewirkt. Als Folge dieses Ereignisses wird das Immunsystem selbst verändert. Wenn es erneut mit demselben Mikroorganismus konfrontiert wird, setzt die Immunreaktion **schneller** und **wirkungsvoller** als beim Erstkontakt ein. Diese **erworbene Immunität** bleibt dann in der Regel lebenslang erhalten.

2. Die Zellen des Immunsystems

Alle Zellen des Immunsystems gehören zu den weißen Blutzellen oder **Leukozyten**. Im Gegensatz zu der relativ konstanten Zahl der roten Blutzellen (Erythrozyten) beim Gesunden ändert sich die Zahl der Leukozyten im Blut in Abhängigkeit von der Tageszeit und dem Aktivitätszustand des Immunsystems. Normal ist eine Variationsbreite von 5000–10000 Zellen pro µl Blut.

50–70% davon sind **Granulozyten** und 5–10% sind **Monozyten (Makrophagen)**. Diese Zellen wirken unspezifisch und gehören somit zu den angeborenen Abwehrmechanismen.

Die restlichen 25–40% stellen die **Lymphozyten**. Das sind diejenigen Zellen, die in den Körper eingedrungene Mikroorganismen **erkennen** und **hochspezifische** Reaktionen gegen sie in Gang setzen.

Alle Zellen des Immunsystems werden aus **pluripotenten* Stammzellen** im Knochenmark gebildet (*vgl. Abb. 94*). Durch deren Teilungstätigkeit werden ständig Vorläuferzellen gebildet, aus denen dann wieder durch Teilung die verschiedenen Immunzellen hervorgehen. Die Zellen werden ins Blut abgegeben und gelangen auf diesem Weg in den gesamten Körper.

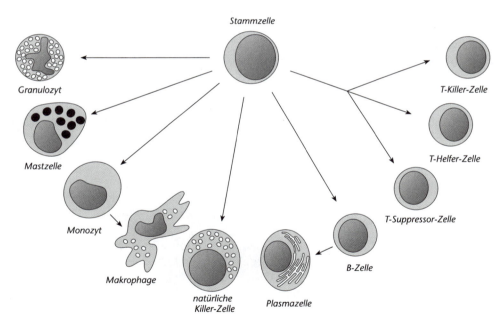

Abb. 94
Die Zellen des Immunsystems

3. Der Ablauf einer Immunreaktion

Wir beschreiben im Folgenden, wie diese Armee aus weißen Blutzellen reagiert, wenn es einem Angreifer gelungen ist, ins Körpergewebe vorzudringen und sich dort zu vermehren. Wir wählen als Beispiel eine Virusinfektion.

Phagozytose

Der archaischste Mechanismus, sich seiner Feinde zu entledigen, besteht darin, sie zu fressen. Es ist auch das Schicksal aller Krankheitserreger, die in den Körper eingedrungen sind, von phagozytierenden Zellen aufgenommen und abgebaut zu werden.
Es gibt drei Gruppen phagozytierender Zellen in unserem Körper:

a) **Neutrophile Zellen** gehören zur Gruppe der **Granulozyten**. Das sind kurzlebige Zellen, die in ihrem Zellplasma viele mit hydrolytischen Enzymen gefüllte Lysosomen enthalten (Granula, *vgl. Abb. 95 a*).

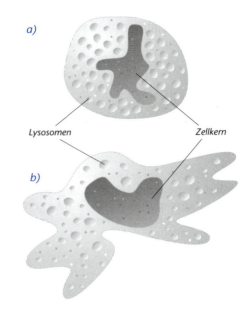

Abb. 95
Die Zellen der natürlichen Resistenz:
a) Granulozyten, b) Makrophagen

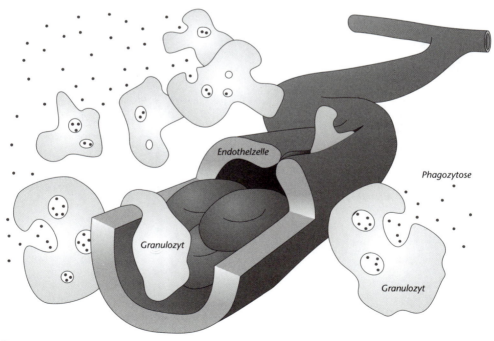

Abb. 96
Ablauf einer Entzündungsreaktion

Sie zirkulieren im Blut und sind in der Lage, als Reaktion auf eine lokale Invasion von Mikroorganismen in das befallene Gewebe einzuwandern. Neutrophile Zellen stellen die größte Gruppe unter den weißen Blutzellen.

b) **Dendritische Zellen** sind darauf spezialisiert, Krankheitserreger aufzunehmen und sie Lymphozyten zur Erkennung zu präsentieren. Sie stammen von unreifen Vorläuferzellen im Blut ab, die ins Gewebe einwandern und dort verbleiben. Sie betreiben nicht nur Phagozytose von Krankheitserregern, sondern nehmen auch große Mengen der sie umgebenden extrazellulären Flüssigkeit auf (Makropinozytose).

c) **Makrophagen** (Riesenfresszellen) stammen von im Blut zirkulierenden Vorläuferzellen (den Monozyten) ab, halten sich aber vor allem im Gewebe auf. Sie sind langlebiger, müssen aber erst aktiviert werden. Auch sie enthalten Lysosomen zur intrazellulären Zerstörung der aufgenommenen Bakterien und Viren (vgl. Abb. 95 b). Außerdem spielen sie eine wichtige Rolle bei der „Verarbeitung" von Antigenen und deren „Präsentation" für die Aktivierung der T-Zellen.

Entzündung

Die Phagozytose ist die wichtigste Komponente einer **Entzündung**, die als Reaktion auf eine Gewebeschädigung durch die eingedrungenen Viren erfolgt. So wie ein aktiver Muskel eine größere Blutzufuhr braucht, um mit Glukose und Sauerstoff versorgt zu werden, müssen Bestandteile des Immunsystems verstärkt an den Infektionsort gelangen. Das erfolgt im Wesentlichen durch drei Vorgänge:

1. Die Blutzufuhr zum Infektionsort wird erhöht;
2. die Durchlässigkeit der Endothelzellen, welche die Blutgefäße auskleiden, wird gesteigert, so dass Substanzen leichter ins Gewebe gelangen können;
3. neutrophile Zellen und (in geringerem Umfang) Makrophagen wandern aus dem Blut ins Gewebe ein, indem sie sich zwischen den Endothelzellen hindurchquetschen, mit amöbenähnlichen Bewegungen auf die Viren zuwandern und diese schließlich phagozytieren (vgl. Abb. 96).

Eine Entzündung ist also normalerweise nichts Schädliches, sondern Teil der Selbstheilungsmechanismen des Körpers als Reaktion auf eine erfolgte Infektion mit Krankheitserregern.

Fieber

Eine der häufigsten Begleiterscheinungen von Infektionen und Entzündungen ist **Fieber**. Es wird durch Bakterientoxine, aber auch durch körpereigene Botenstoffe (z.B. Interleukin 1) hervorgerufen. Diese **Pyrogene*** verstellen im Hypothalamus den Sollwert der Temperaturregulation auf **über 37°C**. Der biologische Sinn dieser Temperaturerhöhung ist allerdings umstritten.

Natürliche Killer-Zellen

Bei Virusinfektionen wirkt eine weitere Gruppe von Abwehrzellen: die **natürlichen Killerzellen**. Sie werden so genannt, weil sie einerseits auf die gleiche Weise virusinfizierte Zellen abtöten wie die T-Killer-Zellen. Andererseits können sie aber von diesen deutlich unterschieden werden, weil die natürlichen Killer-Zellen nur **unspezifisch** arbeiten. Woran sie die virusinfizierten Zellen erkennen, ist dabei unklar.

Wie natürliche Killer-Zellen virusinfizierte Zellen abtöten, ist durch elektronenmikroskopische Aufnahmen jedoch gut belegt (vgl. Abb. 97).

① Wenn eine Killer-Zelle eine virusinfizierte Zelle entdeckt, nimmt sie mit dieser Kontakt auf und bindet sich über Rezeptoren an deren Zellmembran.
② Diese Bindung löst in der Killer-Zelle – über einen Anstieg der Ca^{2+}-Ionenkon-

Zellbiologie des Immunsystems

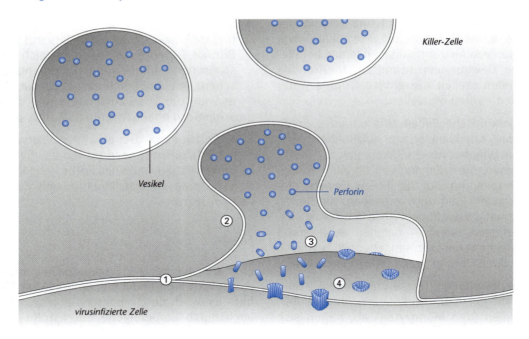

Abb. 97
Der Tötungsmechanismus von Killer-Zellen, nach elektronenmikroskopischen Aufnahmen

zentration – die Exozytose eines Proteins aus, das dort in Vesikeln gespeichert ist.
③ Dieses Protein – wegen seiner Wirkung **Perforin** getauft – verändert unter dem Einfluss der Ca^{2+}-Ionen seine Raumstruktur und lagert sich in die Zellmembran der virusinfizierten Zelle ein.
④ Wenn sich mehrere Perforinmoleküle wie die Dauben eines Fasses zusammenlagern, entsteht eine Pore, durch die Wasser und Salz in die Zelle eindringen. Unter dem zunehmenden Druck platzt schließlich die Zelle.

Die bisher beschriebenen Abwehrmechanismen sind, da **angeboren,** bei einer Infektion sofort verfügbar und gewährleisten in den ersten Tagen einen effektiven Schutz vor den Krankheitserregern. In dieser Zeit werden die **spezifischen** Abwehrmaßnahmen aktiviert.

- Maßgeschneiderte Antikörper fangen die Viren ein und verklumpen sie zu großen Aggregaten, die von Makrophagen verschlungen werden.
- Spezifische T-Killer-Zellen, die die virusinfizierten Körperzellen an ihrer Oberfläche erkennen, perforieren deren Zellmembran, um die Virusvermehrung zu stoppen.
- Makrophagen räumen die Zelltrümmer auf.

Entscheidend für diesen Teil der Immunreaktionen ist die Tatsache, dass sich die Abwehrmaßnahmen **hochselektiv gegen den Erreger** richten. Die Vorgänge, die zu dieser **spezifischen** Immunreaktion führen, benötigen einige Tage. Während dieser Zeit wird der Erreger identifiziert und die auf ihn spezialisierten Zellen werden aktiviert. Diese Form der Immunität wird also durch die Konfrontation mit dem Erreger **erworben** und bleibt in der Regel ein Leben lang erhalten.

In den nächsten Abschnitten erläutern wir ausführlich, worauf diese **erworbene Immunität** beruht.

4. Die erworbene Immunität

4.1 Lymphozyten

Das Phänomen der erworbenen Immunität ist einzig und allein an die **Lymphozyten*** gebunden. Auch sie werden – wie alle anderen Immunzellen – aus den pluripotenten Stammzellen im Knochenmark gebildet (*vgl. Abb. 94*).

Ein Teil der Lymphozyten besiedelt nach Verlassen des Knochenmarks sofort die Milz und die Lymphknoten. In diesen Organen findet die Zellreifung und -differenzierung statt. Diese Lymphozyten werden **B-Zellen** genannt (B von „bone marrow", der englischen Bezeichnung für Knochenmark). Sie spezialisieren sich auf die Herstellung von Antikörpern (*vgl. Kap. F.4.3*).

Ein anderer Teil der Lymphozyten durchwandert die **Thymusdrüse**, bevor sie ebenfalls Milz und Lymphknoten besiedeln. Diese Lymphocyten werden als **T-Zellen** (T von Thymusdrüse) bezeichnet. Sie erfahren in der Thymusdrüse eine Art **Prägung** auf ein bestimmtes Antigen (*vgl. Kap. F.4.4*).

4.2 Die Theorie der klonalen Selektion

Die wichtigste Voraussetzung für eine gezielte Immunreaktion gegen einen eingedrungenen Erreger besteht darin, dass er als solcher **erkannt** wird. Auch bei Immunzellen erfolgt das nach dem **Schlüssel-Schloss-Prinzip** durch spezifische **Rezeptoren**, die die Immunzellen, vor allem die B- und T-Zellen, auf ihrer Zelloberfläche tragen. Bei den Rezeptoren handelt es sich um Proteinmoleküle mit einer charakteristischen Raumstruktur, die in die Zellmembran integriert sind.

Das Gegenstück zum Rezeptor wird **Antigen** genannt. Es handelt sich um ein Molekül des Erregers, das in der Lage ist, eine Immunreaktion auszulösen.

 Eine Immunreaktion gegen Bakterien und Viren erfolgt nicht, weil diese Krankheiten hervorrufen, sondern weil sie für den Körper **fremd** sind.

Um eine antigene Wirkung zu entfalten, muss ein solches Molekül drei **Eigenschaften** haben:

1. **Fremdheit**; gegenüber eigenen Molekülen zeigt der Organismus normalerweise **Toleranz**.
2. **Hohes Molekulargewicht**; fast alle Antigene sind hochmolekulare Substanzen mit einem Molekulargewicht von mehr als 5000 (das entspricht etwa 50 Aminosäuren).
3. **Chemische Komplexität**; die meisten Antigene sind Glykoproteine, wie sie in den Zellwänden von Bakterien und den Zellmembranen eukaryontischer Zellen vorkommen.

Man schätzt, dass das Immunsystem eines Menschen im Laufe seines Lebens mit meh-

Zellbiologie des Immunsystems

reren Tausend verschiedenen Antigenen konfrontiert wird. Die entscheidende Frage ist, wie die dazu passenden Antigenrezeptoren zustande kommen. Zwei Antworten sind möglich.

Nach der **Instruktionstheorie** von PAULING ist der Antigenrezeptor nach der Herstellung in seiner Form noch veränderbar. Das Antigen ist die Matrize, die die passende Faltung der Aminosäurenkette des Antigenrezeptors **während** des Kontaktes mit diesem Antigen steuert.

Nach der **Theorie der klonalen Selektion** von BURNET und JERNE ist die Struktur des Antigenrezeptors bereits festgelegt, **bevor** er überhaupt mit einem Antigen in Kontakt kommt. Durch den Kontakt werden diejenigen Zellen **selektiert** (ausgewählt) und **kloniert** (vermehrt), die den zum Antigen passenden Rezeptor tragen.

Aufgabe

 Aus welchem Grund ist die Instruktionstheorie unhaltbar?

Da die Raumstruktur jedes Proteins durch seine Aminosäurensequenz determiniert ist, gilt die Theorie der klonalen Selektion heute als allgemein akzeptiert. Es muss demnach bereits vor dem Erstkontakt mit einem Antigen **eine unvorstellbare Vielfalt aller möglichen Rezeptortypen** geben.

4.3 B-Zellen und die humorale Immunreaktion

B-Zellen sind auf die Herstellung von **Antikörpern** spezialisiert. Alle B-Zellen tragen solche Antikörpermoleküle als **Antigenrezeptoren** an ihrer Zelloberfläche (*vgl. Abb. 98*). Diese Rezeptorantikörper sind **hochspe-**

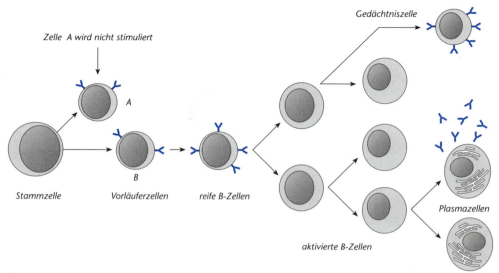

Abb. 98
Die Reifung der B-Zellen

zifisch für ein einziges, bestimmtes Antigen. Wahrscheinlich vermag das Immunsystem **Millionen verschiedener Antikörper** zu bilden, die sich alle in ihrer Spezifität unterscheiden. Da jede B-Zelle nur Antikörper einer bestimmten Spezifität herstellen kann, muss das Immunsystem über eine entsprechend **große Zahl verschiedener B-Zellen** verfügen, um mit der riesigen Vielfalt der Antigene fertig zu werden.

Wenn eine B-Zelle auf ein Antigen trifft, das zu seinen Antigen-spezifischen Rezeptoren wie ein **Schlüssel** zu seinem **Schloss** passt, bindet sie das Antigen und wird dadurch **aktiviert**, sich mehrmals zu teilen. Daraus resultiert ein **Klon*** von identischen Tochterzellen (vgl. Abb. 98).

Die meisten Tochterzellen differenzieren sich zu sogenannten **Plasmazellen**. Diese sind in der Lage, den Rezeptorantikörper der ursprünglichen Mutterzelle **in großen Mengen** herzustellen und ins Blut abzugeben.

Der Reifungsprozess, der etwa fünf Tage dauert, geht mit gravierenden Veränderungen der Zellstruktur einher (vgl. Abb. 99).

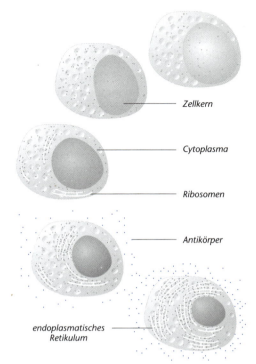

Abb. 99
Die Differenzierung einer aktivierten B-Zelle zu einer Antikörper sezernierenden Plasmazelle

 Aufgabe

F02 Begründen Sie die in Abbildung 99 dargestellten Veränderungen in der reifenden Plasmazelle.

Die von den Plasmazellen freigesetzten Antikörper binden sich an das Antigen, wodurch eine Kettenreaktion ausgelöst wird, die mit der Zerstörung des Antigens endet.

Die Zerstörung der Antigene erfolgt durch andere Komponenten des Immunsystems (z.B. Makrophagen). Antikörper erleichtern diese Vorgänge. Die Immunbiologen nennen das **Opsonisierung***.

 Antikörper können Antigene nur **markieren**.

Die B-Zellen und ihre Abkömmlinge, die Plasmazellen, wirken also nicht unmittelbar auf Krankheitserreger ein, sondern die von ihnen ins Blut freigesetzten Antikörpermoleküle. Die dadurch vermittelte Immunität wird deshalb als **humoral*** bezeichnet.

Die Antikörper bildenden Plasmazellen gehen nach kurzer Zeit zugrunde, aber ein

Zellbiologie des Immunsystems

Teil der Tochterzellen der ursprünglichen B-Zelle beteiligt sich überhaupt nicht an der Antikörperproduktion.

Diese **ruhenden, reifen B-Zellen** zirkulieren weiter im Körper und können zu einem späteren Zeitpunkt, wenn das Antigen erneut im Körper auftaucht, sehr viel **schneller** aktiviert werden. Eine solche **sekundäre Immunantwort** verläuft daher ganz anders als die **primäre Immunantwort** nach dem Erstkontakt mit dem Antigen (*vgl. Abb. 100*): Die Antikörper sind mit denjenigen nach dem Erstkontakt identisch, die Bildungsrate ist aber viel größer.

Dies hat zwei Gründe:
- Als Ergebnis der **klonalen Expansion** existiert eine größere Zahl antigenspezifischer Zellen.
- Die ruhenden, aber reifen B-Zellen benötigen nur **wenige Teilungsschritte**, bis es zur Antikörpersekretion kommt.

Da das aussieht, als ob sich das Immunsystem an das Antigen „erinnert", werden die für diesen Effekt verantwortlichen Zellen als **Gedächtniszellen** bezeichnet.

Dieses **immunologische Gedächtnis** ist tatsächlich das Ergebnis eines „Lernprozesses". Die Antigene selbst steuern die Selektion und klonale Expansion der antigenspezifischen B-Zellen.

Die **erworbene Immunität** gilt nur für den sie auslösenden Mikroorganismus.

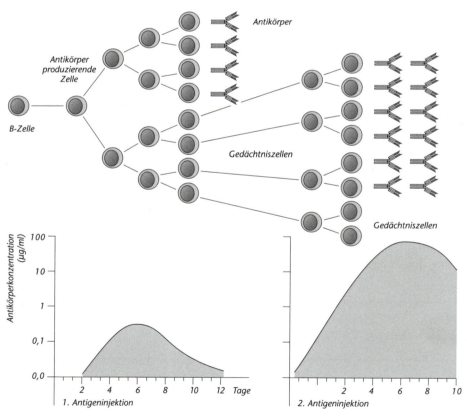

Abb. 100
Die primäre und sekundäre Immunantwort

Aufgabe

Fo3 In welcher Weise kann das immunologische Gedächtnis bei Schutzimpfungen genutzt werden?

Da die Schutzimpfung eine primäre Immunantwort auslöst, wird sie als **aktive Immunisierung** bezeichnet. Wegen der dabei gebildeten Gedächtniszellen setzt bei einer tatsächlichen Infektion sehr schnell und wirkungsvoll die sekundäre Immunantwort ein und schützt in der Regel vor einer Erkrankung.

Für eine **vorbeugende Behandlung** stehen heute verschiedene **Impfstoffe** zur Verfügung:

- Werden geringe Mengen vermehrungsfähiger Bakterien oder in ihrer Wirkung abgeschwächte Viren verwendet, handelt es sich um **Lebend-Impfstoffe**. Sie müssen so dosiert sein, dass die Erreger nur schwache Krankheitssymptome auslösen können. Ihr Vorteil besteht darin, dass manche Erreger ein Leben lang im Körper vermehrungsfähig bleiben und somit das Immunsystem immer wieder von neuem aktivieren.

- **Tot-Impfstoffe** bestehen dagegen aus abgetöteten Bakterien, aus inaktivierten Viren, abgeänderten Toxinen oder Bruchstücken von Erregern und Toxinen. Für eine wirksame Immunantwort müssen größere Mengen verabreicht werden. Da die Bestandteile nicht mehr vermehrungsfähig sind, werden sie im Laufe der Zeit abgebaut. Um einen Impfschutz dauerhaft zu gewährleisten, sind also Wiederholungsimpfungen notwendig.

Bei einer **akuten Infektionskrankheit** oder einer Vergiftung kann eine **passive Immunisierung** durchgeführt werden. Damit wird die Übertragung spezifischer Antikörper oder immunkompetenter Zellen von einem Individuum, das gegen einen bestimmten Krankheitserreger immun ist, auf ein anderes bezeichnet. Natürlicherweise geschieht das bei allen Feten über die Plazenta und bei allen Neugeborenen über die Muttermilch.

Auch die durch Injektion verabreichten Antikörper agglutinieren* einen Teil der Krankheitserreger und unterstützen somit die körpereigene Abwehr. Da die gespritzten Antikörper abgebaut werden, wirkt dieser Schutz aber nur eine begrenzte Zeit. Gewonnen werden die Antikörper in der Regel aus dem Blutplasma immunisierter gesunder Spender.

4.3.1 Aufbau und Eigenschaften der Antikörper

Wir wenden uns nun der Frage zu, wie ein Antikörpermolekül „sein" Antigen erkennt. Die Antwort liefern die Aminosäurensequenz sowie die Raumstruktur dieser Immunglobuline*.

Ein einfaches Antikörpermolekül (*vgl. Abb. 101*) besteht aus 4 Polypeptidketten: 2 **leichten Ketten** von etwa 220 Aminosäuren Länge und 2 **schweren Ketten** von etwa 440 Aminosäuren Länge. Alle 4 Ketten sind über Schwefelbrücken (-S-S-) und über nichtkovalente Bindungen zwischen den Aminosäureresten zu einem **Y-förmigen** Molekül verbunden.

Bei den schweren wie den leichten Ketten unterscheiden sich die Bereiche am Amino-Ende (-NH$_2$) ganz wesentlich von den übrigen Molekülabschnitten. Dessen Aminosäurensequenzen sind bei allen Antikörpern weitgehend identisch. Diese Abschnitte werden deshalb als **konstant** bezeichnet und mit einem C abgekürzt (vom englischen *constant*). In den variablen Abschnitten, mit V abgekürzt, **unterscheiden** sich die Aminosäurensequenzen der verschiedenen Antikörper.

Diese variablen Bereiche nehmen jeweils die äußere Hälfte jedes Y-Armes ein. Sie stammen auf beiden Seiten von einer schweren und einer leichten Kette.

Innerhalb des variablen Bereichs gibt es einige kleinere Abschnitte, in denen die Aminosäurensequenzen besonders stark variieren. Diese **hypervariablen** Bereiche aus etwa 25–30 Aminosäuren legen sich an den Enden beider Arme zu einer taschenartigen Vertiefung zusammen. Das sind die **Antigen-Bindungsstellen**.

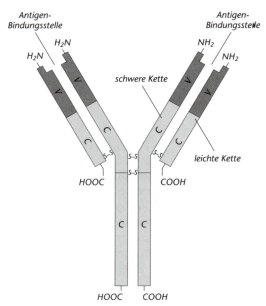

Abb. 101
Schematische Darstellung eines Antikörpermoleküls

Die **Spezifität** eines Antikörpers hängt von der **räumlichen Struktur** und der **chemischen Zusammensetzung** der Antigen-Bindungsstelle ab.

 An welche Moleküle im Stoffwechsel jeder Zelle erinnern diese Eigenschaften?

Welcher Antikörper welches Antigen erkennt, wird also von der Aminosäuresequenz des hypervariablen Bereichs bestimmt.
Aber auch in den konstanten Abschnitten sind nicht alle Antikörpermoleküle völlig identisch. Bei den schweren Ketten gibt es 5 Typen: α (Alpha), γ (Gamma), δ (Delta), ε (Epsilon) und μ (Mü). Sie bestimmen die **Klassenzugehörigkeit** der Antikörper. Entsprechend den 5 Typen schwerer Ketten werden unterschieden: **IgA, IgG, IgD, IgE** und **IgM**. Die Bezeichnung Ig steht für Immunglobulin. Antikörper mit denselben variablen Abschnitten, aber anderen Klassen von schweren Ketten erkennen zwar dieselben Antigene, haben aber **unterschiedliche Funktionen** bei der Immunantwort (*vgl. Abb. 102*).

Die Hauptmenge der Antikörper (70–80%) im Blut besteht aus IgG. Dagegen kommt IgE fast überhaupt nicht frei vor. Durch einen zusätzlichen Abschnitt ist dieser Antikörpertyp meistens fest an die Zellmembran von Mastzellen gebunden.

Die Antigen-Bindungsstelle eines Antikörpers ist verhältnismäßig klein im Vergleich zur Größe des Antigens. Wie Abbildung 103 a zeigt, bindet ein Antikörper immer nur an einen kleinen Bereich der Oberfläche eines Antigens. Die Spezifität eines Antikörpers bezieht sich also niemals auf ein Antigen – ein Molekül oder ein Bakterium – als Ganzes, sondern nur auf die kleinen Bereiche, die zu seiner Antigen-Bindungsstelle

Klasse	Grundstruktur	Hauptfunktionen
IgG	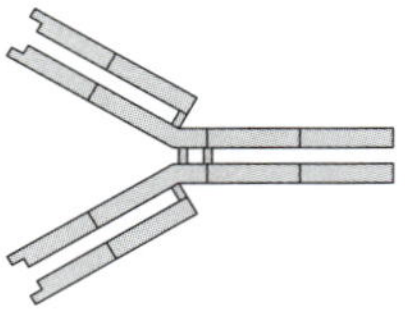	*Agglutiniert Mikroorganismen, opsonisiert* Antigene, lockt Killer-Zellen an, aktiviert das Komplementsystem, neutralisiert Bakterientoxine, hemmt die Virusanheftung (kann die Plazenta durchdringen)*
IgM	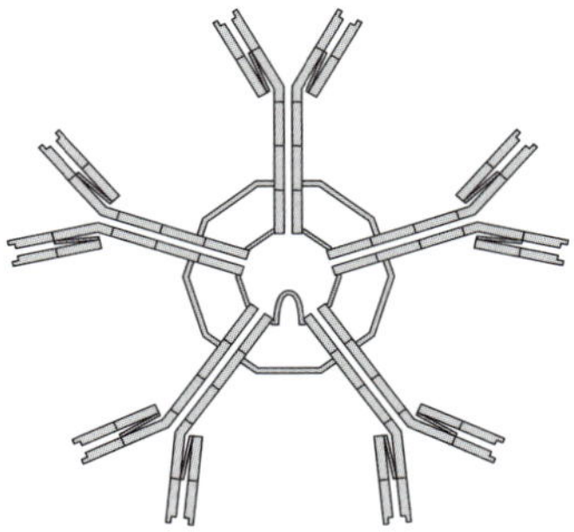	*Wirkt vorwiegend im Blut, agglutiniert Mikroorganismen (wegen der multivalenten Bindungsmöglichkeiten sehr effektiv), aktiviert das Komplementsystem, wirkt vor allem bei Abwehr eines neuen Antigens, Blutgruppenantikörper*
IgA	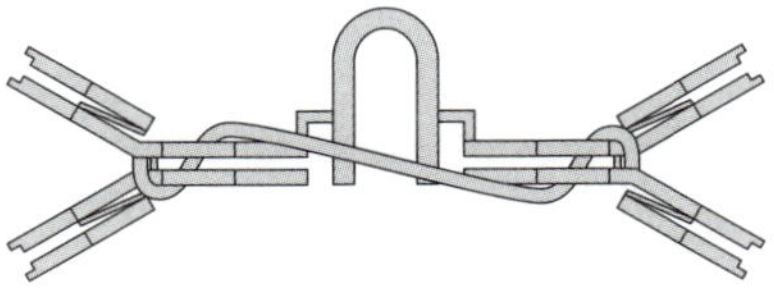	*Wirkt vorwiegend in Sekreten (Tränen, Speichel, Schweiß, Schleim), agglutiniert Antigene, hemmt die Virusanheftung*
IgE	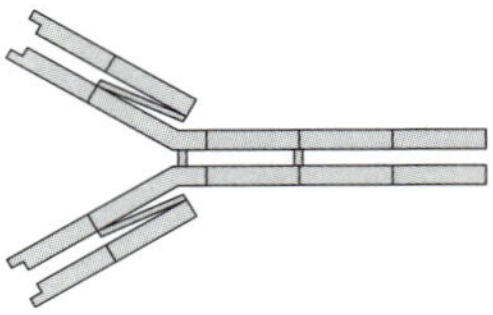	*Bindet vorwiegend an Mastzellen, ist an allergischen Reaktionen beteiligt, agglutiniert Mikroorganismen, aktiviert das Komplementsystem, schützt gegen Darmparasiten (Würmer)*
IgD	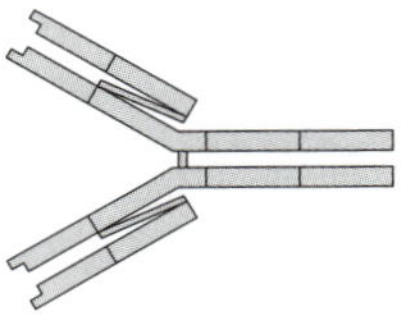	*Kommt vorwiegend auf der Oberfläche von B-Zellen vor, wirkt vermutlich an der Reifung der B-Zellen mit, noch ungeklärt*

Abb. 102
Struktur und biologische Eigenschaften der Antikörperklassen

Zellbiologie des Immunsystems

passen. Diese Bereiche werden als antigene Determinanten oder **Epitope** bezeichnet.

Ein großes Antigen besitzt sehr viele Epitope, wobei die einzelnen Epitope etwa der Größe einiger Aminosäuren oder Zuckerreste entsprechen (vgl. Abb. 103 a).
Antigene sind deshalb meist **multideterminant**, d.h., sie besitzen mehrere verschiedene Epitope, und sie sind **multivalent**, d.h., ein bestimmtes Epitop kommt mehrfach vor.

Antikörper sind entweder **bivalent** (sie besitzen zwei identische Antigen-Bindungsstellen) oder auch **multivalent** (sie besitzen vier identische Antigen-Bindungsstellen wie IgA oder sogar zehn wie IgM, vgl. Abb. 102). Durch diese Antigen-Antikörper-Bindung kommt es deshalb zu einer Quervernetzung zwischen den Molekülen, einer **Agglutinierung** (vgl. Abb. 103 b).

Die Antigen-Antikörper-Reaktion ist ein Vorgang, der in vielerlei Hinsicht der Reaktion eines Enzyms mit seinem Substrat entspricht. Im Gegensatz zu Enzymen katalysieren aber Antikörper keine chemischen Reaktionen, die die Antigene zerstören könnten. Vielmehr ruft die Bindung an Antigene weitere Komponenten des Immunsystems auf den Plan (Komplementproteine, Makrophagen), die die Zerstörung der Antigene bewirken.
Der Organismus ist also in der Lage, eine **spezifische Immunität** gegenüber verschiedenen Mikroorganismen aufzubauen. Auf molekularer Ebene beruht diese Spezifität auf der Struktur der gebildeten Antikörper. Daraus folgt, dass eine **riesige Vielfalt verschiedener Antikörper** existieren muss. Nach Schätzungen bringt das menschliche Immunsystem mehrere Millionen verschiedener Antikörpermoleküle hervor. Diese Zahl ist vermutlich groß genug, um auf alle erdenklichen Antigene zu reagieren, die uns befallen könnten.

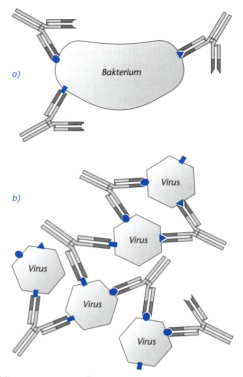

Abb. 103
Die Antigen-Antikörper-Bindung
a) an einzelnen Epitopen, b) bei der Agglutinierung

4.3.2 Molekulare Ursachen der Antikörpervielfalt

Zur **genetischen Grundlage** der Antikörpervielfalt gab es verschiedene konkurrierende Theorien.

Die eine besagte, dass im Genom* eines Organismus für jedes Antikörpermolekül ein **eigenes Gen** vorhanden sei. Demnach würden die Antikörpergene genauso abgelesen (Fachausdruck: exprimiert) wie alle anderen Gene, die für Proteine kodieren (vgl. mentor Abiturhilfe Genetik). Angesichts der gewaltigen Antikörpervielfalt (mehrere Millionen) müsste es so viele Antikörpergene geben, dass über 90% der DNA Informationen über Antikörper enthalten würde.

Nach der zweiten Theorie gibt es nur eine **begrenzte Anzahl** von Antikörpergenen im Genom. Diese sollten sich dann irgendwie in vielfältiger Weise verändern, während sich die B-Zellen aus ihren Stammzellen im Knochenmark entwickeln.

Bei einer dritten Theorie, die eine Variante der ersten Theorie darstellt, wird angenommen, dass es im Genom möglichst **viele V-Gene** für die variablen Abschnitte gibt, aber nur **ein einziges C-Gen** für die konstanten Abschnitte eines Antikörpers. Während der Reifung zur B-Zelle wird zufällig eines der vielen V-Gene mit dem C-Gen zu einem DNA-Stück vereinigt, das dann die Information für die vollständige Kette enthält. Nach dieser Theorie wären die benötigten DNA-Mengen bedeutend kleiner als bei der ursprünglich angenommenen Variante.

Außerdem bietet sie eine natürliche Erklärung dafür an, wie Antikörper in einem Teil stark variieren, in anderen aber konstant bleiben können.

Allerdings waren bis vor kurzem keine natürlichen Mechanismen bekannt, durch die Gene neu kombiniert werden konnten. Nach der Ein-Gen-ein-Enzym-Hypothese enthält ein Gen die Information zum Aufbau eines Enzyms bzw. Proteins (*vgl. mentor Abiturhilfe Genetik*). Inzwischen wurde jedoch bewiesen, dass die Antikörpergene **rekombiniert*** werden – auf etwas kompliziertere Weise, als die dritte Theorie annahm.

Antikörpergene sind typische **Mosaikgene**, wie sie in fast allen Eukaryoten in letzter Zeit gefunden wurden: Die Nucleotidsequenzen für die verschiedenen Ketten der Antikörper sind in **viele kleine, weit auseinanderliegende Stücke** aufgeteilt.

Wir erläutern das Prinzip an einer leichten Kette (*vgl. Abb. 104*). Für den größten Teil des variablen Abschnitts kodieren mehrere hundert verschiedene **V-Gene**. Für den konstanten Abschnitt kodiert 1 **C-Gen**. Außerdem gibt es noch einige **J-Gene** (von englisch *joining*), die für das Verbindungsstück zwischen variablem und konstantem Abschnitt kodieren.

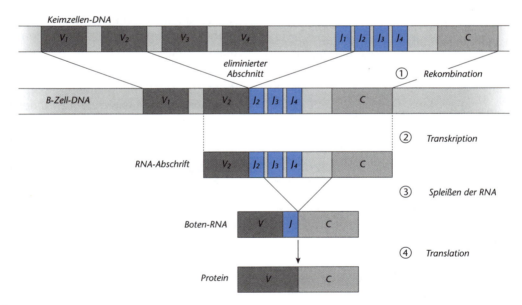

Abb. 104
Schematische Darstellung der Herstellung einer leichten Antikörperkette

Die zusammenhängende Information für eine Antikörperkette entsteht in den vier folgenden Schritten:

① **Rekombination:** Zuerst wird je ein zufällig ausgewähltes V- und J-Gen (hier V_2 und J_2) mit Hilfe von Enzymen verbunden, die den gesamten dazwischenliegenden DNA-Abschnitt entfernen (hier das Stück mit V_3, V_4 und J_1, sodass V_2 und J_2 zusammenkommen).

② **Transkription**: Anschließend wird die DNA auf ganzer Länge vom Start des ausgewählten V-Gens (hier V_2) bis zum Ende des C-Gens in eine RNA umgeschrieben.

③ **Spleißen**: Spezielle Enzyme im Zellkern schneiden dann den RNA-Abschnitt vom Ende des J_2-Gens bis zum Beginn des C-Gens heraus. Dabei entsteht die Boten-RNA (mRNA) mit der zusammenhängenden Information für die Antikörperkette.

④ **Translation**: Diese Boten-RNA steuert die Herstellung der Antikörperkette.

Durch dieses Verfahren ergeben sich weit über 10 000 Kombinationsmöglichkeiten. Leichte und schwere Ketten zusammen können wahrscheinlich mehr als 10 Millionen verschiedene Antikörpermoleküle hervorbringen.

 Die **Vielfalt der Antikörper** beruht auf der natürlichen **Neukombination von Mosaikgenen**.

Die Vielfalt, die durch diese kombinatorischen Prozesse zustande kommt, wird durch zwei Faktoren nochmals vergrößert:

- Erstens arbeiten die **Enzyme**, die die DNA-Abschnitte miteinander verbinden, etwas **ungenau**, sodass sich die Verbindungsstelle um einige Basenpaare verschieben kann.

- Zweitens treten während der B-Zellen-Reifung in den DNA-Abschnitten, die für die variablen Bereiche kodieren, **spontane Mutationen** auf.

Diese verschiedenen Mechanismen zur Erzeugung der Antikörpervielfalt treten zu verschiedenen Zeitpunkten der B-Zellen-Reifung in Erscheinung:

- Zuerst werden die verschiedenen Antikörpergene kombiniert. Dieser Prozess ist abgeschlossen, wenn die Zellen erstmals mit Antigenen in Kontakt kommen. Aus der großen Variationsbreite der B-Zellen werden durch jedes Antigen die wenigen antigenspezifischen Zellen selektiert.

- Während der Reifung dieser ausgewählten B-Zellen zu Plasmazellen wird der Mutationsmechanismus tätig und nimmt die **Feinabstimmung der Immunantwort** vor: Durch geringfügige Änderungen der Basensequenz entstehen Antikörpergene, deren Produkte noch besser zum Antigen passen.

Aufgabe

 Formulieren Sie eine Hypothese, die erklärt, auf welche Weise die verschiedenen Antikörperklassen entstehen.

4.4 T-Zellen und die zelluläre Immunreaktion

4.4.1 T-Zell-Rezeptoren

T-Zellen besitzen, um spezifisch auf einen eingedrungenen Krankheitserreger reagieren zu können, genau wie die B-Zellen antigenspezifische **Rezeptoren**.
Ein solcher **T-Zell-Rezeptor** besteht aus zwei Polypeptidketten (vgl. Abb. 105): einer α-Kette von etwa 500 Aminosäuren Länge und einer β-Kette von etwa 400 Aminosäuren Länge. Beide Ketten sind über eine Sequenz hydrophober Aminosäuren in der Zellmembran verankert und über eine Schwefelbrücke miteinander verbunden.

Die für die Antigenspezifität nötige Vielfalt der T-Zell-Rezeptoren kommt wie bei den Antikörpern durch die **Neukombination von Genen** für variable und konstante Kettenabschnitte zustande.
Durch die unterschiedliche Kombination dieser Gene entstehen etwa 10 000 verschiedene α- und β-Ketten. Durch die Verknüpfung

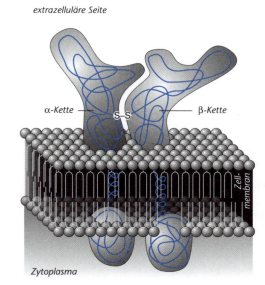

Abb. 105
Der T-Zell-Rezeptor

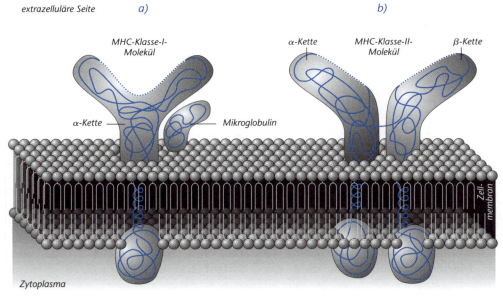

Abb. 106
MHC-Proteine a) der Klasse I, b) der Klasse II

einer bestimmten α-Kette mit einer bestimmten β-Kette dürften etwa ebenso viele verschiedene Antigen-Bindungsstellen entstehen wie bei den Antikörpern.

Die Festlegung einer T-Zelle auf ein bestimmtes Antigen erfolgt in der **Thymusdrüse** (daher die Bezeichnung T-Zelle). In diesem Organ werden die Vorläuferzellen aus dem Knochenmark dazu gebracht, sich explosionsartig zu vermehren. Gleichzeitig erfolgt hier die **Differenzierung** in zwei Untergruppen, die im Immunsystem verschiedene Funktionen erfüllen: **T-Helfer-Zellen** und **T-Killer-Zellen**.

Wodurch sich diese Untergruppen unterscheiden und welche Funktionen sie erfüllen, wird in den nächsten drei Abschnitten erläutert.

4.4.2 Die MHC-Restriktion von T-Zellen

Wenn Gewebe von einem Individuum auf ein anderes übertragen wird, kommt es in der Regel innerhalb von zwei Wochen zu einer Abstoßungsreaktion durch das Immunsystem des Empfängers. Es reagiert in diesem Fall auf **fremde Oberflächenantigene**, die auf den Zellen des Spenders sitzen. Es handelt sich dabei im Wesentlichen um **Glykoproteine** der Zellmembranen. Sie bestimmen die Gewebeverträglichkeit. Nach der Abkürzung für die englische Bezeichnung *major histocompatibility complex* (deutsch: Hauptgewebeverträglichkeitskomplex) werden sie **MHC-Proteine** genannt.

Es wurde ursprünglich viel über den Sinn dieser MHC-Proteine spekuliert. Inzwischen ist ihre entscheidende Rolle bei der **Antigenerkennung durch die T-Zellen** bewiesen.

 T-Zellen erkennen mit ihren antigenspezifischen Rezeptoren ein Antigen niemals in freier Form, sondern nur, wenn es in Verbindung mit einem MHC-Protein präsentiert wird. Dieses Phänomen wird als **MHC-Restriktion** bezeichnet.

Es gibt zwei Klassen von MHC-Proteinen (*vgl. Abb. 106*).

- Proteine der **Klasse I** bestehen aus einer Polypeptidkette von etwa 350 Aminosäuren Länge, mit der ein kleineres lösliches Peptid assoziiert ist.

- Proteine der **Klasse II** bestehen aus zwei Polypeptidketten von je etwa 230 Aminosäuren Länge.

Die Gene, die für die MHC-Proteine codieren, kommen beim Menschen in vielen verschiedenen Ausprägungen vor, d.h., es gibt viele **Allele***. Die Wahrscheinlichkeit, dass ein Individuum mit einem nicht verwandten anderen Individuum die gleichen MHC-Proteine besitzt, ist außerordentlich gering (kleiner als 1:1000000); so sind die Abstoßungsreaktionen bei Transplantationen* zu erklären.

MHC-Proteine der Klasse I (wir wollen sie einfach MHC-I-Proteine nennen) werden von **allen Zellen** des Körpers hergestellt und in die Zellmembran integriert. Sie arbeiten dort ähnlich wie ein Fahrstuhl, der kleinere Moleküle an die Zelloberfläche befördert und sie dort **präsentiert**. Den genauen Ablauf zeigt Abbildung 107.

Zellbiologie des Immunsystems

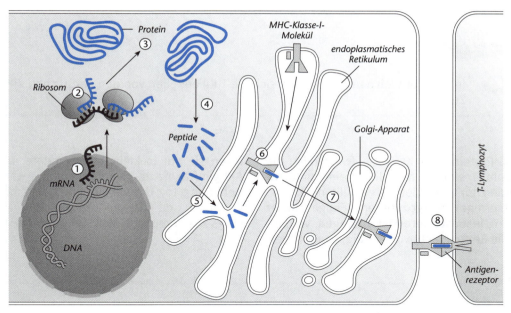

Abb. 107
Die Aufgabe der MHC-I-Proteine

Sobald in einer Zelle ein Protein hergestellt wird ①–③, zerhacken spezielle Enzyme einen Teil der gerade produzierten Moleküle in kleinere Bruchstücke ④. Einige dieser Peptide werden dann in das endoplasmatische Retikulum transportiert ⑤. In dessen Membranen stecken MHC-I-Proteine, an die sich die Peptide heften ⑥. Zusammen mit den MHC-I-Molekülen werden sie zur Zellmembran befördert ⑦. T-Zellen mit einem passenden Rezeptor überprüfen das Präsentierte ⑧.

Solange die präsentierten Bruchstücke von normalen Zellproteinen stammen, bleibt die Zelle ungeschoren.

Stammt jedoch das Peptid von einem **fremden** Protein, beispielsweise von einem Virus im Zellinneren, dann reagiert die T-Zelle und **zerstört** die Zelle mit dem fremden Protein, indem sie sie durchlöchert (*vgl. Erläuterungen zu Abb. 97*).

 T-Zellen mit der Fähigkeit zur Perforation von Zellmembranen werden als **T-Killer-Zellen** bezeichnet. Sie sind MHC-I-restringiert, d.h., sie reagieren nur auf Antigene, die von MHC-I-Proteinen präsentiert werden.

Die antigen wirkenden Substanzen müssen dazu in der sie präsentierenden Zelle hergestellt werden. Das geschieht bei allen **Virusinfektionen** und bei **Bakterien**, die sich **intrazellulär** vermehren. In diesen Fällen nutzen ja die Krankheitserreger den Stoffwechsel der Zellen aus, in die sie eingedrungen sind.

Die viralen oder bakteriellen Proteine werden aber ebenso durch MHC-I-Proteine präsentiert wie die normalen zellulären.

Daraus folgt, dass diese zelluläre Form der Immunreaktion hauptsächlich bei diesen Infektionen in Gang kommt.

Zellbiologie des Immunsystems

Aufgabe

F06 In welcher Weise unterscheiden sich die T-Killer-Zellen von den natürlichen Killer-Zellen?

MHC-Proteine der Klasse II (wir wollen sie ebenfalls einfach MHC-II-Proteine nennen) werden nur von Zellen hergestellt, die Krankheitserreger **phagozytieren**. Einige dieser Zellen, insbesondere **Makrophagen**, verdauen die Erreger nicht vollständig, sondern zerlegen sie nur in kleinere Fragmente. Diese Antigenfragmente werden dann, wie in Abbildung 107 dargestellt, zur Zellmembran befördert und T-Zellen präsentiert – allerdings zusammen mit MHC-II-Proteinen.

Definition T-Zellen, die Antigene nur zusammen mit MHC-II-Proteinen erkennen, spielen bei der **Steuerung der Immunreaktionen** eine entscheidende Rolle. Sie werden als **T-Helfer-Zellen** bezeichnet.

4.5 Steuerung der Immunreaktionen

Nach der Theorie der klonalen Selektion werden bei antigenspezifischen Immunreaktionen B- und T-Zellen mit den passenden Rezeptoren selektiert und massenhaft vermehrt. Dabei differenzieren sie sich zu **Effektorzellen**, die entweder maßgeschneiderte Antikörper produzieren (Plasmazellen) oder infizierte Körperzellen abtöten (T-Killer-Zellen).

Wir sind bisher davon ausgegangen, dass der Kontakt mit dem Antigen ausreicht, um diese Prozesse in Gang zu bringen. Doch der **Antigenkontakt** ist ein notwendiges, nicht aber hinreichendes Signal zur Vermehrung und Differenzierung von B- und T-Zellen.

Durch den Antigenkontakt werden B- und T-Zellen lediglich **aktiviert**, Zellteilungen einzuleiten. Um Klone von mehreren hundert Tochterzellen bilden zu können, benötigen die Lymphozyten wie alle anderen Zellen im menschlichen Körper die Zellteilung stimulierende **Wachstumsfaktoren**. Das sind hormonähnliche Proteine, die vor allem von **T-Helfer-Zellen**, aber auch von anderen weißen Blutzellen freigesetzt werden. Da sie dem Signalaustausch zwischen Leukozyten dienen, werden sie als **Interleukine** bezeichnet (international abgekürzt als IL). Sie stimulieren nicht nur die Vermehrung der Vorläuferzellen aus dem Knochenmark, sondern auch deren anschließende **Differenzierung** zu Effektorzellen.

Daneben gibt es weitere Botenstoffe, die nicht zu den Interleukinen gerechnet werden, die aber ebenfalls an der Kommunikation der Immunzellen beteiligt sind.

Die wichtigsten Botenstoffe sind in Tabelle 9 zusammengestellt.

Zellbiologie des Immunsystems

Bezeichnung	zellulärer Ursprung	Zielzellen	Wirkungen
Interleukin 1 (IL-1)	antigenpräsentierende Zellen (Makrophagen, B-Zellen)	T-Helfer-Zellen	aktiviert IL-2-Produktion, erzeugt Fieber
Interleukin 2 (IL-2)	aktivierte T-Helfer-Zellen	aktivierte T-Zellen, aktivierte B-Zellen	stimuliert Vermehrung
Interleukin 4 (IL-4)	aktivierte T-Helfer-Zellen	aktivierte B-Zellen	stimuliert Vermehrung und Reifung
Interleukin 5 (IL-5)	aktivierte T-Helfer-Zellen	aktivierte B-Zellen	verstärkt Reifung
Interleukin 6 (IL-6)	aktivierte T-Helfer-Zellen	aktivierte B-Zellen	verstärkt Reifung
γ-Interferon (γ-IFN)	aktivierte T-Helfer-Zellen	Makrophagen, B-Zellen	stimuliert Phagozytose und Produktion von MHC-II-Proteinen

Tabelle 9
Die wichtigsten Botenstoffe des Immunsystems

Die meisten Botenstoffe werden von **T-Helfer-Zellen** produziert. Die T-Helfer-Zellen sind demnach für die Steuerung der antigenspezifischen Immunreaktionen **essenziell***, also wesentlich. Welche dramatischen Folgen es hat, wenn deren Signale ausbleiben, zeigt sich besonders drastisch bei **AIDS**.

Aufgabe

 Neugeborene, denen eine funktionierende Thymusdrüse fehlt, entwickeln einen schweren kombinierten Immundefekt, bei dem die Anzahl sowohl der T-Zellen als **auch der B-Zellen** drastisch reduziert ist, obwohl Letztere gar nicht im Thymus heranreifen.
Wie lässt sich dieses Phänomen erklären?

4.5.1 Die Aktivierung der T-Zellen

Wir erläutern die komplizierten Abläufe bei der Aktivierung von T-Zellen wieder anhand eines Schemas (*vgl. Abb. 108*) Schritt für Schritt.

① Makrophagen **phagozytieren** die Krankheitserreger und zerlegen sie in kleinere Fragmente.

② Die Fragmente werden zusammen mit MHC-II-Proteinen an der Zelloberfläche **präsentiert**.

③ T-Helfer-Zellen mit antigenspezifischen Rezeptoren binden an die Komplexe aus MHC-II-Protein und Antigenfragment. Durch diesen Antigenkontakt wird die T-Helfer-Zelle zu Zellteilungen stimuliert.

Zellbiologie des Immunsystems

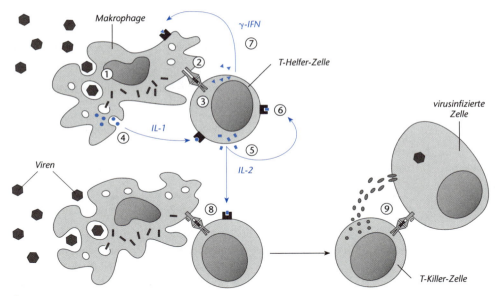

Abb. 108
Schematische Darstellung der Aktivierung von T-Zellen

④ Die Makrophagen setzen daraufhin **IL-1** in die Umgebung frei. Ein Teil dieser Botenstoffe erreicht die **IL-1-Rezeptoren** in der Zellmembran der T-Helfer-Zellen. Die Bindung an diese Rezeptoren löst in den T-Helfer-Zellen drei Vorgänge aus:

⑤ Die aktivierten T-Helfer-Zellen beginnen mit der Herstellung und Freisetzung von **IL-2**.

⑥ Gleichzeitig produzieren sie **IL-2-Rezeptoren,** die sie in die Zellmembran integrieren. Dadurch reagieren sie auf das von ihnen selbst freigesetzte IL-2 in einer **autokrinen*** Stimulation.

⑦ Die T-Helfer-Zellen setzen γ-**Interferon** frei, das die Makrophagen stimuliert, die Phagozytose zu intensivieren und vermehrt MHC-II-Proteine zur Zelloberfläche zu schleusen.

⑧ Vorläufer von T-Killer-Zellen binden mit ihren Rezeptoren an Antigene, die von Körperzellen oder Makrophagen zusammen mit MHC-I-Proteinen präsentiert werden. Sie werden durch den Antigenkontakt zu Zellteilungen angeregt.

⑨ Das von den T-Helfer-Zellen freigesetzte **IL-2** stimuliert ebenfalls die Vermehrung, vor allem aber die **Differenzierung** zu T-Killer-Zellen (vielleicht durch Aktivierung der Perforinproduktion) und zu **T-Gedächtniszellen**.

Aufgaben

 Was könnte der biologische Sinn der Selbststimulation der T-Helfer-Zellen sein?

 Welchen Sinn hat der verstärkte Einbau von MHC-II-Proteinen in die Zellmembran von Makrophagen?

4.5.2 Die Aktivierung der B-Zellen

B-Zellen werden – im Gegensatz zu T-Zellen – durch Kontakte mit **freien** Antigenen aktiviert. Durch Bindung des Antigens an die Antikörper, die als Rezeptoren in der Zellmembran sitzen, werden Zellteilungen eingeleitet. Wie wir bereits erläutert haben, ist dieser Antigenkontakt allein nicht ausreichend, um die Vermehrung und Differenzierung zu Plasmazellen zu bewirken. Auch B-Zellen müssen durch **Wachstumsfaktoren** von T-Helfer-Zellen stimuliert werden.

Die ersten Schritte bei der Aktivierung von B-Zellen sind mit den ersten Schritten bei der T-Zell-Aktivierung identisch (vgl. die Schritte ① bis ⑦ in Abb. 108). Sie bewirken die Selektion und Vermehrung antigenspezifischer T-Helfer-Zellen.

Der wesentliche **Unterschied** gegenüber der T-Zell-Aktivierung hängt mit der Tatsache zusammen, dass auch die B-Zellen freie Antigene, mit denen sie in Kontakt treten, phagozytieren, zerlegen und die Antigenfragmente mithilfe von MHC-II-Proteinen an der Zelloberfläche präsentieren (vgl. Abb. 109).

Binden aktivierte T-Helfer-Zellen über ihre antigenspezifischen Rezeptoren an B-Zellen, die dasselbe Antigenfragment präsentieren, das die Makrophagen präsentiert haben (1. Startsignal), setzen die T-Helfer-Zellen Interleukin 2 frei (2. Startsignal). Dadurch kommt die **Vermehrung** der B-Zellen in Gang.

Unter dem kooperativen Einfluss weiterer Interleukine (vgl. Tabelle 9) entwickeln sich die antigenspezifischen B-Zellen innerhalb von etwa 5 Tagen zu Antikörper sezernierenden **Plasmazellen**. Dieser Vorgang hält an, solange genügend Antigene durch unreife B-Zellen gebunden und den T-Helfer-Zellen präsentiert werden.

Durch die Wirkung der freigesetzten Antikörper geht die Antigenkonzentration zurück, was einen Rückgang der Verursacher und damit eine erfolgreiche Abwehr bedeutet. Dadurch aber erfolgt die B-Zell-Differenzierung nicht mehr bis zum Endstadium der

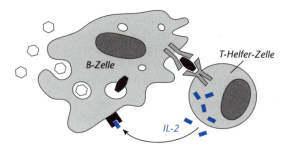

Abb. 109
Schematische Darstellung der Selektion und Aktivierung von B-Zellen

Plasmazellen. Der Reifungsprozess wird in einem früheren Stadium gestoppt. Diese vorgereiften antigenspezifischen B-Zellen verbleiben als **B-Gedächtniszellen** im Blut und können bei erneutem Antigenkontakt **schneller** aktiviert werden, weil sie bereits einige Differenzierungsstadien durchlaufen haben.

4.5.3 Abschalten von Immunreaktionen

Ein aktiviertes Immunsystem wird nach Beseitigung der eingedrungenen Krankheitserreger auch wieder abgeschaltet. So viel steht fest. Über die konkreten Mechanismen herrscht allerdings weniger Klarheit.

Verschiedene Konzepte werden zurzeit diskutiert:

- Die Aktivierung antigenspezifischer Immunreaktionen setzt Antigenkontakte voraus. Sind die **Antigene beseitigt** worden, bleiben diese Kontakte aus. Es werden keine weiteren B- und T-Zellen aktiviert. Die ausdifferenzierten Effektorzellen (Plasmazellen und T-Killer-Zellen) sterben nach einigen Tagen ab.

- Spezielle **T-Suppressor-Zellen*** könnten direkt über Zellkontakte oder über lösliche Suppressorfaktoren die Vermehrung und Differenzierung weiterer B- und T-Zellen verhindern.

Beide Mechanismen sind noch rein hypothetisch und konnten bisher nicht nachgewiesen werden.

Zellbiologie des Immunsystems

4.6 Ursachen der Immuntoleranz

Eine der wesentlichen Eigenschaften des Immunsystems besteht in der Fähigkeit, zwischen **fremd** und **eigen** zu unterscheiden und Immunreaktionen normalerweise nur gegen fremde Antigene einzuleiten.

Dass das Immunsystem körpereigene Antigene toleriert, ist nicht selbstverständlich. Nach der Theorie der klonalen Selektion existieren durch eine Art genetisches Puzzlespiel **alle nur möglichen Antigenrezeptoren**, also auch solche gegen **körpereigene Antigene**.

Es muss demnach Mechanismen geben, die normalerweise verhindern, dass gegen solche Selbst-Antigene Immunreaktionen in Gang kommen. Grundsätzlich sind drei Strategien vorstellbar:

- Durch **klonale Elimination*** (Entfernen) werden in einem sehr frühen Stadium der Entwicklung alle Zellen aussortiert und zerstört, die mit Selbst-Antigenen reagieren.

- Zellen, die auf Selbst-Antigene reagieren, werden nicht zur Vermehrung und Differenzierung angeregt. Selbst-Antigene werden von Körperzellen normalerweise nur zusammen mit MHC-I-Proteinen präsentiert. Darauf reagieren T-Helfer-Zellen nicht. Die Freisetzung von Wachstumsfaktoren unterbleibt (*vgl. Kap. F.4.5.2*).

- Die schon erwähnten **T-Suppressor-Zellen** könnten aktiv Immunreaktionen gegen Selbst-Antigene spezifisch unterdrücken.

Derzeit ist es noch nicht möglich, anzugeben, welche Mechanismen tatsächlich die Immuntoleranz bewirken.

 Die Fähigkeit des Immunsystems, auf körpereigene Antigene nicht zu reagieren, wird als **immunologische Toleranz** bezeichnet.

4.7 Abwehrmaßnahmen gegen Bakterien und Viren

Immunreaktionen gegen bestimmte Krankheitserreger bestehen immer aus einer **Kombination von angeborenen und erworbenen Abwehrmaßnahmen**, die in einer bestimmten zeitlichen Abfolge auftreten, wie die folgenden Übersichten zeigen:

4.7.1 *Abwehrmechanismen gegen Bakterien*

1. *Physikalische Barrieren*
   verhindern, dass Bakterien ins Körperinnere eindringen; mechanischer Schutz durch Haut und Schleimhäute; Ausscheidung der Erreger.

2. *Chemische Barrieren (Sekrete)*
   Abtöten von Bakterien durch Säuren (Haut, Magen) und Enzyme (Tränenflüssigkeit, Nasensekret, Speichel, Magen).

3. *Mikrobielle Verdrängung*
   Wachstumshemmung pathogener Bakterien durch die normale, gesunde Mikroflora (Haut, Schleimhäute).

4. *Phagozytose*
   Endozytose und enzymatischer Abbau durch Granulozyten (kurzlebig) und Makrophagen (langlebig); effektiv nach Opsonisierung (→ 6).

Zellbiologie des Immunsystems

5. **Komplementsystem**
   – durchlöchert die Bakterienhülle (Zellwand, Zellmembran). Direkte Aktivierung durch bakterielle Toxine, indirekt durch Antikörper (→ 6).

6. **Antikörper**
   bekämpfen Bakterien lokal (an der Eindringstelle) oder systemisch (im Blut) zuerst durch IgM, danach durch IgG; wirken vor allem bei extrazellulären Erregern.
   Direkte Wirkung: Behinderung der Anheftung, Agglutinierung und Neutralisierung von Toxinen.
   Indirekte Wirkung: Antikörper aktivieren die Phagozytose (Opsonisierung) und das Komplementsystem (→ 5).

7. **T-Killer-Zellen**
   wirken hochspezifisch bei intrazellulären Erregern, welche die Phagozytose überstehen.

8. **Gedächtniszellen**
   sichern in der Regel nach einmaliger Infektion eine bleibende Immunität.

4.7.2 Abwehrmechanismen gegen Viren

1. **Physikalische Barrieren**
   verhindern, dass Viren ins Körperinnere eindringen; mechanischer Schutz durch Haut und Schleimhäute; Unterschied: Epithelzellen – Gewebezellen.

2. **Interferon**
   stoppt die Virusvermehrung in benachbarten Zellen.

3. **Phagozytose**
   – vor allem durch Makrophagen im Unterhautgewebe und in den Lymphknoten; phagozytiert werden freie Viren, agglutinierte Viren und Zellen, die durch Viren zerstört wurden.

4. **Natürliche Killer-Zellen**
   durchlöchern infizierte Zellen; Anlockung durch Interferon (→ 2).

5. **Komplementsystem**
   – durchlöchert infizierte Zellen und Viren mit Hüllmembran; wird durch virale Antigene aktiviert.

6. **Antikörper**
   bekämpfen Viren lokal (an der Eindringstelle) durch IgA oder systemisch (im Blut) zuerst durch IgM, danach durch IgG.
   Direkte Wirkung: behindern die Anheftung, das Eindringen und die Freisetzung von Viren.
   Indirekte Wirkung: Antikörper aktivieren durch Agglutinierung die Phagozytose (→ 3) und das Komplementsystem (→ 5).

7. **T-Killer-Zellen**
   töten virusinfizierte Zellen hochspezifisch durch Perforation ab.

8. **Gedächtniszellen**
   sichern in der Regel nach einmaliger Infektion eine bleibende Immunität; Ausnahmen: Grippeviren, Schnupfenviren, HIV (ständige Änderung der antigenen Eigenschaften).

5. Zusammenfassung

Das Immunsystem (oder Abwehrsystem) schützt den Organismus vor Angriffen durch Krankheitserreger. Es gibt angeborene und erworbene Formen der Immunität.

Die **angeborene** Immunität beruht auf der **natürlichen Resistenz** gegen Krankheitserreger, die von Geburt an existiert und **unspezifisch** wirkt. Dazu gehören

- die Freisetzung von **Säuren, Enzymen** und **Schleim,**
- **Interferon,** das die Virusvermehrung in den Zellen hemmt,
- das **Komplementsystem,** das andere Komponenten des Immunsystems **aktiviert,**
- die normale, gesunde **Mikroflora,** die das Wachstum von Krankheitserregern behindert,
- die **Phagozytose** der Krankheitserreger durch **Makrophagen** (Riesenfresszellen) und **neutrophile Zellen,**
- **natürliche Killer-Zellen,** die virusinfizierte Zellen durch **Perforation** der Zellmembran abtöten.

Die **spezifischen** Abwehrmaßnahmen richten sich **hochselektiv** gegen einen **bestimmten** Erreger. Dazu wird der Erreger identifiziert und die auf ihn spezialisierten Zellen werden aktiviert. Diese Form der Immunität wird erst durch den Kontakt mit dem Erreger **erworben,** bleibt aber dann in der Regel ein Leben lang erhalten. Sie wird durch **Lymphozyten** vermittelt.

B-Lymphozyten (kurz: **B-Zellen**) besitzen schon vor dem Kontakt mit einem Antigen **spezifische Antikörper** als **Rezeptoren** auf ihrer Zelloberfläche. Durch Bindung des Antigens an die Rezeptoren wird eine ruhende B-Zelle dazu aktiviert, sich zu teilen und **identische** Tochterzellen hervorzubringen (**klonale Selektion**). Die meisten Tochterzellen reifen zu **Plasmazellen** aus, die den spezifischen Antikörper in großen Mengen herstellen und freisetzen (**primäre Immunantwort**). Ein Teil der Zellen verbleibt als **Gedächtniszellen** im Ruhezustand, bis sie durch erneuten Kontakt mit dem gleichen Antigen sehr schnell aktiviert werden (**sekundäre Immunantwort**).

Antikörper bestehen aus zwei **leichten** und zwei **schweren** Aminosäureketten, die durch Schwefelbrücken zu einem **Y-förmigen** Molekül verbunden sind. Alle vier Ketten besitzen **konstante** und **variable** Abschnitte. In den variablen Abschnitten **unterscheiden** sich verschiedene Antikörper. Sie enthalten die **Antigen-Bindungsstellen**. Die Spezifität eines Antikörpers hängt von der **räumlichen Struktur** und der **chemischen Zusammensetzung** dieser Antigen-Bindungsstelle ab.

Die Vielfalt der Antikörper entsteht durch

- natürliche **Neukombination von Mosaikgenen,** die für die konstanten und variablen Abschnitte codieren, und durch
- **zufällige** Kombination leichter und schwerer Ketten.
  Durch **Variation** der schweren Ketten entstehen fünf verschiedene **Klassen** von Antikörpern (IgG, IgM, IgA, IgE, IgD), die unterschiedliche **Aufgaben** bei den **humoralen** Immunreaktionen haben.

T-Lymphozyten (kurz: **T-Zellen**) besitzen ebenfalls an ihrer Zelloberfläche antigenspezifische **Rezeptoren**, die aus zwei **verschiedenen** Aminosäureketten zusammengebaut sind. Die **Vielfalt** entsteht nach den gleichen Prinzipien wie bei den Antikörpern. T-Zellen erfahren in der **Thymusdrüse** (daher der Name) ihre Prägung auf ein bestimmtes Antigen und auf ihre spätere Funktion als **T-Helfer-Zellen** oder **T-Killer-Zellen**.

T-Zellen erkennen Antigene niemals in freier Form, sondern nur in Verbindung mit einem MHC-Protein. Dieses Phänomen wird als **MHC-Restriktion** bezeichnet. **MHC-Proteine** transportieren Bruchstücke von Proteinen, die in einer Zelle hergestellt oder nach Phagozytose zerlegt werden, zur Zelloberfläche. Solange die Bruchstücke von normalen Zellproteinen stammen, bleibt die Zelle ungeschoren (**immunologische Toleranz** gegenüber Selbst-Antigenen). Bei einem **fremden** Peptid (von einem Krankheitserreger) reagieren darauf **T-Killer-Zellen** und zerstören die infizierten Zellen, indem sie die Zellmembranen durchlöchern.

T-Helfer-Zellen sind an der **Steuerung** der Immunreaktionen beteiligt. Sie setzen nach Antigenkontakt **Wachstumsfaktoren** (vor allem **Interleukin 2**) frei, die aktivierte B-Zellen und T-Zellen zur **Vermehrung** und **Differenzierung** stimulieren. Sie werden ihrerseits durch **Interleukin 1** aktiviert, das von Makrophagen freigesetzt wird, die gerade Antigene präsentieren.

Sind die Antigene **beseitigt**, bleiben die Antigenkontakte aus. Es werden keine neuen Immunzellen nachgeliefert und die ausdifferenzierten Effektorzellen sterben nach einigen Tagen ab. Möglicherweise werden die Immunreaktionen auch durch spezielle **T-Suppressor-Zellen** abgeschaltet.

G Das Mikroskop als Analyseinstrument

1. Die Lichtmikroskopie: Auge, Lupe und Mikroskop – einfache physikalische Grundlagen

Wenn wir sehr kleine Gegenstände betrachten wollen, stoßen wir je nach Sehkraft unserer Augen schnell an die Grenzen der Leistungsfähigkeit: Wir können einen Gegenstand nur dann erkennen, wenn er ein ausreichend großes **Abbild auf der Netzhaut** unseres Auges entwirft. Dabei ist die Größe des Netzhautbildes einerseits vom Gegenstand selbst, andererseits von der **Entfernung** des Gegenstandes vom Auge abhängig und damit vom **Sehwinkel**. Wir kennen alle das Phänomen, dass wir uns zwecks besseren Erkennens einem Gegenstand nähern bzw. den Gegenstand unserem Auge nähern – hierbei handelt es sich um die sogenannte **perspektivische Vergrößerung**.

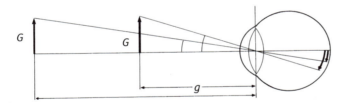

Abb. 110
Perspektivische Vergrößerung: Die Sehwinkelgröße und damit auch die Größe des Netzhautbildes hängen von Gegenstandsgröße (G) und Gegenstandsweite (g) ab. Je näher sich ein Gegenstand vor dem Auge befindet, umso größer wird er auf der Netzhaut abgebildet.

Um eine optimale Abbildung zu bekommen, muss eine bestimmte Entfernung zwischen Gegenstand und Auge eingehalten werden; nähert man sich dem Gegenstand über einen bestimmten Punkt hinaus, so entsteht nur noch eine unscharfe Abbildung. Wir haben dann den sogenannten **Nahpunkt** unterschritten und die **Akkommodationsfähigkeit*** unseres Auges überfordert.

Versuch

 Bestimmung des Nahpunktes
(möglichst mit einer Partnerin, einem Partner durchführen)

Mit der einen Hand hält man sich ein Auge zu und führt mit der anderen Hand einen Bleistift so nahe an das Auge heran, dass die Spitze gerade noch scharf erscheint. Jetzt misst man den Abstand zwischen Auge und Spitze, er ergibt den Nahpunkt des einen Auges. Beim zweiten Auge verfährt man ebenso.

Der Nahpunkt ist stark abhängig von der **Elastizität** der Linse; er beträgt ca. 10 cm bei einem 10-Jährigen, 70-100 cm bei alten Menschen. Die Augenlinse ist beim „In-die-Ferne-Sehen" stark abgeflacht (∞-Stellung), ihre Krümmung infolge ihrer Elastizität nimmt mit Annäherung zu.

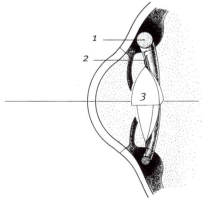

Abb. 111
Akkommodationsvorgang schematisch; bei der Nahakkomodation ist der Ciliarmuskel (1) kontrahiert (gespannt), die Zonulafasern, Aufhängebänder (2) sind dadurch erschlafft, die Krümmung erfolgt entsprechend der Elastizität der Augenlinse (3)

Neben der Fähigkeit zur Nahakkommodation wird die Leistungsfähigkeit des Auges durch einen weiteren Faktor begrenzt, der als **Auflösungsvermögen** bezeichnet wird und bei der Gütebeurteilung eines Mikroskops eine entscheidende Rolle spielt. Will man zwei benachbarte Punkte oder Linien noch getrennt wahrnehmen, so müssen sie einen **Mindestabstand** voneinander haben. Beim Auge wird diese Auflösungsgrenze im Wesentlichen durch die Dichte der Sinnesrezeptoren in der Netzhaut bestimmt.

Wollen wir die Leistungsfähigkeit unseres Auges verbessern, müssen wir optische Geräte zu Hilfe nehmen. Das einfachste Hilfsmittel, um kleine Dinge genauer, besser und damit im Normalfall auch gleichzeitig größer zu sehen, ist die **Lupe**.

Mit ihr lassen sich Gegenstände näher an das Auge heranführen, ohne dass diese dann unscharf abgebildet werden. Die Brechkraft von Auge und Lupe addieren sich, und der Gegenstand wird auf der Netzhaut größer abgebildet als er in Wirklichkeit ist – oder anders ausgedrückt: Dem Auge wird ein gleich großer Gegenstand in der sogenannten **„Bezugsweite"** (ca. 25 cm) suggeriert. Der Sehwinkel wird durch die Lupe vergrößert, und damit entsteht auch ein größeres Bild auf der Netzhaut.

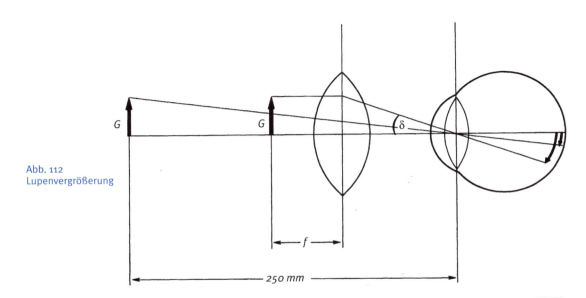

Abb. 112
Lupenvergrößerung

Das Mikroskop als Analyseinstrument

Aufgabe

G01 Warum liegt bei alten Menschen der Nahpunkt deutlich weiter vom Auge entfernt als bei jungen Menschen?
Wie lässt sich diese sogenannte Altersweitsichtigkeit beheben?

Die Brechkraft einer Lupe steigt mit deren **Krümmung**. Die oberste Grenze wäre also mit dem Erreichen der Kugelgestalt gesetzt. Da es bei allen Linsen jedoch zu charakteristischen Abbildungsfehlern kommt und diese mit steigender Krümmung zunehmen, ist die Krümmung nicht bis zu dieser Extremform zu steigern.

Will man das Auflösungsvermögen weiter heraufsetzen und die Abbildungsfehler gleichzeitig gering halten, kann man mehrere Linsen hintereinander setzen und kommt so zur Konstruktion eines einfachen Mikroskops.

Abbildungsfehler werden in der Optik **Aberrationen** genannt. Sie entstehen durch die Eigenschaft des Lichtes und die verwendeten Linsen (vgl. Abb. 113). Für die Mikroskopie sind die sphärische und die **chromatische Aberration** von Bedeutung (vgl. Abb. 114 und 115).

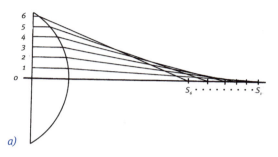
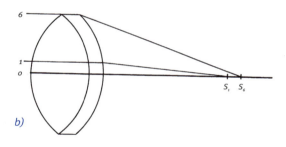

Abb. 114
Sphärische Aberration

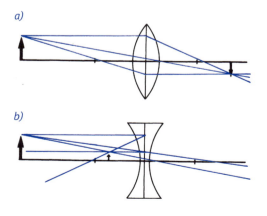

Abb. 113
Linsenformen und Strahlengänge; a) bikonvexe Linse, b) bikonkave Linse

Fallen Strahlen parallel auf eine **Sammellinse**, also eine **konvexe*** oder bikonvexe Linse, so werden die Randstrahlen stärker gebrochen als die Zentralstrahlen (vgl. Abb. 114 a). Dadurch entsteht keine scharfe Abbildung in einer Ebene, sondern die optimale Schärfe liegt für die Randstrahlen näher an der Linse als für Zentralstrahlen. Diesen Linsenfehler nennt man **sphärische Aberration**. Eine weitestgehende Korrektur ist durch Kombination von geeigneten Sammellinsen und von **konkav*** oder bikonkav geschliffenen **Zerstreuungslinsen** möglich (vgl. Abb. 114 b).

Das Mikroskop als Analyseinstrument

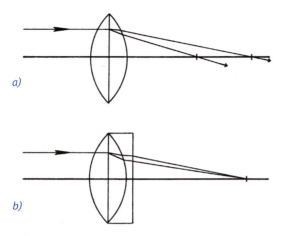

Abb. 115
Chromatische Aberration

Bei der **chromatischen Aberration** (*vgl. Abb. 115*) tritt ein weiteres Phänomen auf, das mit der Eigenschaft des weißen Lichtes zusammenhängt: Aus der Physik wissen wir, dass weißes Licht aus einer Mischung der unterschiedlichsten Wellenlängen besteht. Im Ultraviolettbereich ist die Wellenlänge sehr kurz, am anderen Ende des Spektrums, im Infrarotbereich, dagegen lang.

Fällt nun weißes Licht auf eine Sammellinse, werden die kurzwelligen blauen Anteile stärker gebrochen als die langwelligen roten. Ähnlich wie bei der sphärischen Aberration erhalten wir deshalb keinen Abbildungspunkt, sondern einen Abbildungsfleck (*vgl. Abb. 115 a*). Auch hier eignet sich zur Korrektur die Kombination mit einer Zerstreuungslinse (*vgl. Abb. 115 b*).

Die Güte eines Mikroskops hängt direkt von der Güte der Korrektur ab (*vgl. Kap. G 3*).

Ein **modernes Lichtmikroskop** besteht im Prinzip aus drei unterschiedlichen Systemen: einem optischen, einem mechanischen und einem Licht erzeugenden System.

Das **optische System** dient zur Vergrößerung; es besteht aus zwei zusammengesetzten Linsensystemen.

Das dem Auge abgewandte Linsensystem ist das **Objektiv**. Es bewirkt die **Primärvergrößerung**. Vielfach besitzt ein Mikroskop mehrere Objektive mit unterschiedlicher Vergrößerung. Sie sind dann an einem sogenannten Revolver befestigt. Das dem Auge zugewandte Linsensystem heißt bezeichnenderweise **Okular***. Es liefert die **Sekundärvergrößerung**.

Zwischen diesen beiden Linsensystemen liegt der **Tubus**, der zur Weiterleitung der Strahlen dient und in dem ein **Zwischenbild** entsteht (*vgl. Abb. 116 und 117*).

Das **mechanische System** dient dazu, den zu betrachtenden Gegenstand möglichst exakt an das Objektiv heranzuführen. Es besteht aus dem festen Ständer oder **Stativ**, dem **Objekttisch**, auf dem das zu betrachtende Objekt zu liegen kommt, und dem **Grob-** sowie **Feintrieb**, mit denen sich die Entfernung zwischen Objekttisch und Objektiv verändern lässt.

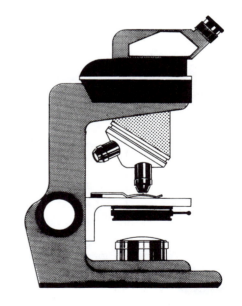

Abb. 116
Schülermikroskop (schematisch)

Das Mikroskop als Analyseinstrument

 Die **Gesamtvergrößerung** eines Lichtmikroskops berechnet sich aus der Multiplikation der Einzelvergrößerungen, also:

Objektivvergrößerung x Okularvergrößerung = Gesamtvergrößerung

Beispiel:
Objektivvergrößerung 10-fach
Okularvergrößerung 12-fach
Gesamtvergrößerung 10 x 12 = 120-fach

Das **Licht erzeugende System** schließlich liefert die notwendige Helligkeit, um eine Abbildung zu erhalten. Als Lichtquelle kann ein Spiegel, der das Tageslicht reflektiert, oder eine elektrische Ansteckleuchte dienen. Durch ein weiteres Linsensystem, den **Kondensor**, unterhalb des Objekttisches soll eine möglichst gleichmäßige Ausleuchtung erreicht werden. Meist befindet sich an ihm auch eine **Irisblende** (Kondensorblende), mit der sich Helligkeit, Kontrast und Schärfentiefe regulieren lassen.

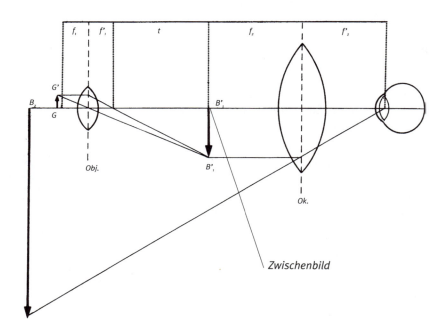

Abb. 117
Strahlengang des Mikroskops, schematisch

 Machen Sie sich mit dem Aufbau einer Spiegelreflexkamera vertraut — sofern Sie darüber nicht schon Bescheid wissen.

Erstellen Sie daraufhin eine Tabelle, in der die einzelnen Teile des Mikroskops entsprechenden Teilen einer solchen Kamera zugeordnet werden.

2. Die Elektronenmikroskopie

Mit dem Lichtmikroskop haben wir ein Gerät kennengelernt, das das Auflösungsvermögen unseres Auges um ein Vielfaches verbessert.

Zu Beginn dieses Jahrhunderts waren allerdings die Möglichkeiten, das Auflösungsvermögen des Lichtmikroskops weiter zu steigern, ausgereizt. Trotz der Verwendung von z.B. kürzerwelligem Licht war eine Grenze allein schon dadurch gesetzt, dass es als optisches Gerät mit Licht und Glaslinsen arbeitete. In dieser Situation brachte nun die Entwicklung des **Elektronenmikroskops** die Zytologen einen großen Schritt voran.

Zunächst ein paar Zahlen, die einen Vergleich zwischen dem Auflösungsvermögen verschiedener optischer Systeme erlauben:

Beobachtungsmittel	noch sichtbare Objekte	Auflösungsgrenze
Auge	Haardurchmesser	0,1 mm = 100 µm
Lupe	Gewebe	5 bis 10 µm
Lichtmikroskop	Zellen	ca. 0,25 µm
Lichtmikroskop mit Immersion, UV-Licht	Bakterien	ca. 0,1 µm
Elektronenmikroskop	Viren, Makromoleküle	0,001 µm = 1 nm
Röntgenstrahlen	Molekülbau	0,1 nm = 1 Å

Tabelle 10
Grenzen des Auflösungsvermögens

In Worte übersetzt, besagt diese Gegenüberstellung, dass die heutigen Elektronenmikroskope noch Strukturen auflösen können, die einen minimalen Abstand bzw. eine minimale Stärke/Dicke von 1 Millionstel Millimeter haben – wer kann sich das noch vorstellen?! Wir wollen wenigstens den Versuch unternehmen und einen **Vergleich** aus unserem Erfahrungsbereich heranziehen:

Ein normales Streichholz ist ca. 2 mm dick und ca. 5 cm = 50 mm lang. Entspräche dieses Streichholz einer Struktur, die wir im Elektronenmikroskop gerade noch auflösen könnten, die also 2 nm dick und 50 nm lang wäre, und wir würden diese in Streichholzgröße abbilden (d.h. wir würden sie auf Streichholzgröße vergrößern), so wäre aus unserem ursprünglichen Streichholz bei gleicher Vergrößerung ein Turm von 200 km Durchmesser und 5000 km Höhe geworden. Es genügt, wenn wir ganz einfach darüber staunen, wirklich begreifen können wir diese Dimensionen sicher nicht mehr.

Wie war es möglich, diese im Verhältnis zu einem Lichtmikroskop um das 500-fache gesteigerte Auflösung zu erreichen? Und warum konnte dies nicht mit dem konventionellen System des Lichtmikroskops bewerkstelligt werden?

Das Mikroskop als Analyseinstrument

> Physikalisch betrachtet ist dem **Auflösungsvermögen des Lichtmikroskops** dadurch eine Grenze gesetzt, dass es zwei Punkte nur dann noch als getrennt auflösen kann, wenn deren Abstand mindestens der **halben Wellenlänge** des benutzten Lichtes entspricht.

Da die Wellenlänge des sichtbaren Lichtes im Mittel ca. 500 nm beträgt, endet das Auflösungsvermögen mit der Verwendung von weißem Licht bei ca. 250 nm (*vgl. Tabelle 10*).

Diese Barriere wird bei der Konstruktion von Elektronenmikroskopen dadurch durchbrochen, dass man anstelle der Lichtstrahlen **Elektronenstrahlen** benutzt.

Als Elektronenquelle dient dabei normalerweise eine Wolfram-Glüh-Kathode. Je **höher** die **Geschwindigkeit** der Elektronen ist, umso **kürzer** ist ihre **Wellenlänge**. Deshalb legt man sehr hohe Spannungen an die Kathode an, um zu hohen Beschleunigungswerten und damit zu extrem kurzwelligen Strahlen zu kommen. Bei einer Spannung von 100 000 Volt ergeben sich Wellenlängen von etwa 0,004 nm.

Da Elektronenstrahlen von Glaslinsen absorbiert werden, dienen zur Ablenkung und Bündelung Elektromagnete. Die von ihnen erzeugten **elektromagnetischen Felder** wirken auf Elektronenstrahlen wie Sammellinsen (*vgl. Abb. 118*).

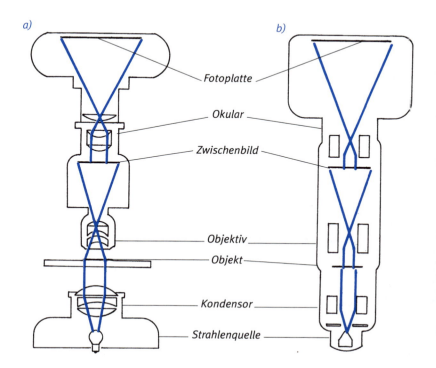

Abb. 118
Strahlengang von Lichtmikroskop und Elektronenmikroskop im Vergleich;
a) Lichtmikroskop,
b) Elektronenmikroskop

Bei allen Untersuchungen muss im **Hochvakuum** gearbeitet werden, denn die Elektronen würden durch Zusammenstöße mit den Molekülen der Luft abgebremst und abgelenkt. Da Elektronenstrahlen für unser Auge unsichtbar sind, müssen sie entweder auf einem Leuchtschirm betrachtet werden, der im Prinzip wie ein Fernsehschirm arbeitet, oder auf fotografisches Material einwirken, das geschwärzt wird und dann wie ein normaler Negativfilm behandelt werden kann.

Ein weiteres Problem galt es zu lösen: Elektronen verlieren sehr leicht ihre Energie. Deshalb sind ganze Zellen und selbst Zellorganellen wie der Zellkern oder die Chloroplasten viel zu dick, um durchstrahlt werden zu können und damit eine deutliche Abbildung zu liefern.

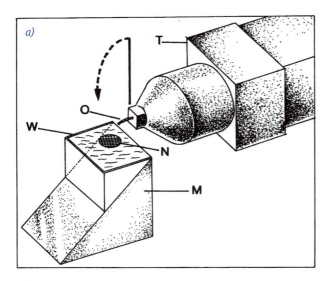 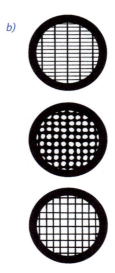

Abb. 119
a) Prinzip der Herstellung eines Ultramikrotomschnittes; Erläuterungen im Text; T = Metallstab, O = Objektblock, W = Wanne, N = Netz, M = Messer; b) verschiedene Trägernetze

Dies führt zur Notwendigkeit von **extrem dünnen Schnitten,** die nur mit ganz speziellen Geräten hergestellt werden können, mit sogenannten **Ultramikrotomen** (*vgl. Abb. 119*). Die einzelnen Schnitte dürfen eine maximale Dicke von ca. 100 nm nicht überschreiten – mit anderen Worten: Ein normales Blatt Papier müsste in der Dicke in ca. 200 bis 500 Scheiben aufgeschnitten werden, damit man es unter dem Elektronenmikroskop optimal untersuchen könnte.

Da im Hochvakuum gearbeitet wird, müssen die Objekte vorher stets **fixiert** und total **entwässert** werden; lebende Strukturen können also auch aus diesem Grund nicht untersucht werden. Ein so vorbehandeltes Objekt muss anschließend in ein festes, aber trotzdem nicht brüchiges Material **eingebettet** werden (z.B. Epoxidharz), um mit dem Ultramikrotom geschnitten werden zu können.

Beim **Schneiden** wird ein Objektblock, der an einem Metallstab fixiert ist, in einer meist halbkreisförmigen Bewegung an einer speziellen Glasbruchkante vorbeigeführt. Der Vorschub – und damit die Dicke des Schnittes – wird dadurch eingestellt, dass der Metallstab aufgeheizt wird und sich dadurch ausdehnt.

Die so angefertigten Schnitte gelangen in eine kleine, mit Wasser gefüllte Wanne, die am Glasblock befestigt ist; sie schwimmen dort auf der Wasseroberfläche. Um sie herauszufischen, wird mit Hilfe einer Pinzette ein Trägernetz unter ihnen in Position gebracht. Damit können sie dann von der Wasseroberfläche abgehoben werden. Diese winzigen feinmaschigen Trägernetze aus Kupfer sind derart empfindlich, dass sie sich bei ungeschickter Handhabung schon allein durch die Oberflächenspannung des Wassers verbiegen können.

Natürlich können im Elektronenmikroskop dann nur diejenigen Teile der Schnitte untersucht werden, die nicht auf den Maschen des Netzes liegen! Die Trägernetze werden mit Hilfe eines speziellen Schlittens in das Elektronenmikroskop eingebracht, das Hochvakuum wird hergestellt und anschließend kann endlich mikroskopiert werden.

Selbst diese vereinfachte Darstellung der Präparateherstellung zeigt uns, welch enormer Aufwand notwendig ist, um zur ersten Abbildung zu kommen. Da die Objekte meist noch mit **Kontrastmitteln** (z.B. Osmium-tetroxid) behandelt werden müssen, um kontrastreiche und damit auswertbare Abbildungen zu erhalten, sind Veränderungen der ursprünglichen Struktur grundsätzlich nicht auszuschließen. Die gewonnenen Ergebnisse bedürfen deshalb immer einer kritischen Analyse, um der Gefahr zumindest teilweise zu begegnen, „Kunstprodukte" (Artefakte) als reale Strukturen anzusehen.

Bei unserer Beschreibung haben wir uns ausschließlich auf das Durchstrahlungs- oder **Transmissionselektronenmikroskop**, kurz: TEM, bezogen. Auf die Beschreibung der Arbeitsweise des **Rasterelektronenmikroskops** (REM) wird verzichtet; besonders bei der Analyse und Darstellung von Oberflächenstrukturen und der Erzeugung von räumlichen Abbildungen gewinnt es heute allerdings mehr und mehr an Bedeutung.

3. Die Güte von Lichtmikroskopen – der Kauf eines Lichtmikroskops

Die Leistungsfähigkeit eines Mikroskops hängt im Wesentlichen von seinem **Auflösungsvermögen** ab. Vorschnell könnte man annehmen, dass dies umso besser sein müsse, je stärker die erreichbare Gesamtvergrößerung ist – mit eben diesem Argument wird für viele Billigprodukte geworben. Entsprechend groß ist daher die Enttäuschung, wenn man bei 800- oder gar 1200-facher Vergrößerung dann allerdings absolut keine Abbildung mehr erzielen kann.

Dieser Effekt rührt daher, dass eine **Fehlerkorrektur** der Linsen kaum geschehen ist. Sie aber ist besonders wichtig – und macht die Objektive entsprechend teuer.

Um die **Qualität eines Objektivs** abzuschätzen, ist auf ihm neben dem Vergrößerungsfaktor normalerweise eine zweite Zahl eingraviert, die **numerische Apertur**, abgekürzt **n.A.** Sie macht indirekt eine Aussage über das zu erreichende Auflösungsvermögen.

Das **Auflösungsvermögen** ist als die Fähigkeit definiert, zwei benachbarte Strukturen (Punkte, Linien, etc.) noch eben sichtbar abzubilden.
Die Distanz zwischen beiden ist der so genannte **Minimalabstand** und wird als **d** bezeichnet.
Dieser Minimalabstand **d** entspricht dem **Quotienten** aus der **Wellenlänge des verwendeten Lichtes** und der **numerischen Apertur** des Objektivs (je kleiner, desto besser).

Da für Tageslicht eine mittlere Wellenlänge von 550 nm oder 0,55 µm angenommen werden kann (1 nm ≙ 1/1000 µm), errechnet sich d beispielsweise für ein Objektiv mit 40-facher Vergrößerung und einer numerischen Apertur von 0,65 als:

$$d = 0{,}55/0{,}65 = 0{,}846 \text{ µm}$$

Dieses Objektiv würde also noch zwei Linien als getrennt abbilden, die einen minimalen Abstand von 0,846 µm voneinander haben.

Aufgaben

 Berechnen Sie für die folgenden Objektive die Minimalabstände **d**:
Objektiv 1: 3,2x; n.A.: 0,07
Objektiv 2: 4x; n.A.: 0,12
Objektiv 3: 10x; n.A.: 0,2
Objektiv 4: 100x; n.A.: 1,25
Berechnen Sie d auch für das Mikroskop, das Sie selbst verwenden.

 Wenn für das Lichtmikroskop eine minimale Auflösung (d min) von ca. 0,3 µm ~ 286 nm bei Verwendung von Blaulicht (400 nm) erreichbar ist, wie groß muss dann die numerische Apertur des verwendeten Objektivs sein?

Da die numerische Apertur mit steigender Vergrößerung normalerweise ebenfalls größer wird, lösen stärker vergrößernde Objektive in der Regel auch besser auf. Beim Kauf sollte man sich aber auf jeden Fall von relativ großen n.A.-Werten bei relativ kleinen Vergrößerungen leiten lassen! Die in Aufgabe G03 berechneten Werte können als Richtschnur dienen.

Als **Faustregel** kann man sich zusätzlich merken, dass die Gesamtvergrößerung das 1000-fache der n. A. des Objektivs nicht übersteigen sollte. Setzt man z.B. zu starke Okulare ein, so werden keine zusätzlichen Einzelheiten sichtbar, sondern das Bild wird verschwommen.

Besonders wichtig für die Kaufentscheidung ist die Mechanik: Grob- und Feintrieb müssen ruckfrei und direkt ansprechen sowie leichtgängig sein. Der Objekttisch bzw. das optische System sollten nicht „wandern", sondern nach einmaligem Einstellen fest bleiben. Es ist empfehlenswert, wenn beim Objektivwechsel die Schärfe erhalten bleibt und nicht für jedes Objektiv neu eingestellt werden muss.

4. Tipps zum Mikroskopieren

4.1. Darstellung des Zwischenbildes

Zunächst wird das Okular aus dem Tubus entfernt; das obere Tubusende wird mit einem Stück Pergamentpapier verdeckt, sodass quasi eine „Mattscheibe" entsteht. Nun wird ein ganz normales Kopfhaar so auf den Objekttisch gelegt, dass es mitten über die Lichtöffnung führt.

Das Mikroskop als Analyseinstrument

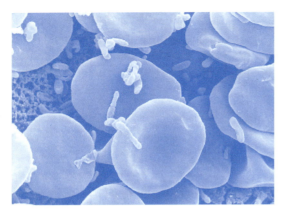

Abb. 120
Elektronenmikroskopische Aufnahme: bakterieninfizierte Blutprobe

damit die Gesichtsfelddurchmesser der vorhandenen Objektiv-/ Okularkombinationen.

Untersucht man ein Kopfhaar, so erhält man als durchschnittliches Ergebnis eine Dicke von ca. 0,15 mm.

4.3 Untersuchung unterschiedlicher Substanzen

Für diese Untersuchungen benötigt man einen **Objektträger** – ein Glasplättchen, das die Objekte „trägt", die man untersuchen will. Man streut nun jeweils eine kleine Prise Sand, Salz, Zucker und Kartoffelstärke auf den Objektträger, legt ihn auf den Objekttisch, schaltet die Mikroskopierleuchte ein und stellt ein scharfes Bild mit der kleinsten Vergrößerung ein. Danach kann man sich das Objekt auch in der mittleren und größten Vergrößerung anschauen.

Da Mikroskope nur eine sehr geringe Schärfentiefe besitzen, kann man durch leichtes Drehen am Feintrieb versuchen, sich eine räumliche Vorstellung zu verschaffen. Dieses Drehen wird als **Fokussieren** bezeichnet. Die maximale Schärfe wird dadurch nach oben bzw. unten verlagert.

Durch Verändern der Kondensorblende – die zunächst immer offen sein sollte – kann man noch versuchen, die Abbildung auch ästhetisch zu optimieren, um die Strukturen möglichst umfassend zu begreifen. Durch Zuziehen der Blende erhöht sich der Kontrast. Die unterschiedlichen Strukturen der Sand-,

Man schaltet nun das Licht ein und dreht bei kleinster Vergrößerung so lange am Grobtrieb, bis auf dem Pergamentpapier eine dunkle Linie sichtbar wird. Diese Linie ist das Abbild des Haares und wird Zwischenbild genannt. Das Objektiv allein entwirft also schon ein vergrößertes Abbild des Gegenstandes, eine Primärvergrößerung. Das Okular vergrößert dieses Zwischenbild nur nochmals.

4.2 Bestimmen des Gesichtsfelddurchmessers

Unter „Gesichtsfeld" versteht man den kreisrunden, beleuchteten Lichtfleck, den man sieht, wenn man ins Okular schaut.

Indem man den Durchmesser dieses Kreises bestimmt, gewinnt man eine Vorstellung von der tatsächlichen Größe der Objekte, die man gerade mikroskopiert.

Um den Gesichtsfelddurchmesser zu bestimmen, legt man zunächst einen Streifen transparentes Millimeterpapier mittig über die Lichtöffnung auf dem Objekttisch. Mit Hilfe von Grob- und Feintrieb wird eine scharfe Abbildung eingestellt.

Man zählt nun die Millimeterkästchen aus, die sich an der gedachten Mittellinie des Gesichtsfeldes befinden, und bestimmt

Abb. 121
Rasterelektronenmikroskopische Aufnahme: Kronblatt einer Rose

Das Mikroskop als Analyseinstrument

Objektiv	Okular	Gesamtver-größerung	Gesichtsfeld-durchmesser
4x	10x	40x	ca. 4,5 mm
10x	10x	100x	ca. 1,7 mm
40x	10x	400x	ca. 0,3 mm

Tabelle 11
Einige typische Werte für den Gesichtsfelddurchmesser unterschiedlicher Mikroskop-Vergrößerungen

Salz-, Zucker- und Stärketeilchen sollten in kleinen Skizzen festgehalten und in knapper Weise charakterisiert werden, z.B.: Stärke-„Körnchen" zeigen deutlich organische Formen (Kreise, Ellipsen), sie weisen keine Kristallstruktur auf und beim Fokussieren und Abblenden kann man in ihrem Inneren konzentrische Ringe erkennen. Hat man sich so mit der Handhabung des Mikroskops vertraut gemacht, können auch pflanzliche oder tierische Objekte untersucht werden.

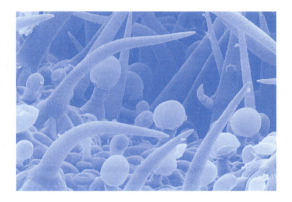

Abb. 122
Rasterelektronenmikroskopische Aufnahme: Pflanzenoberfläche

4.4 Regeln zur Mikroskopie

Folgende Regeln sollte man beim Mikroskopieren unbedingt beachten:

1. Immer sauber arbeiten!

2. Immer mit dem kleinsten Objektiv beginnen. Durch Drehen am Revolver das kleinste Objektiv über die Lichtöffnung drehen; aufs Einrasten achten.

3. Vom kleinsten zum größten Objektiv immer über die Zwischeneinstellung gehen und gegebenenfalls die Schärfe nachstellen.

4. Den Kondensor immer in die höchste Position bringen und zunächst mit offener Kondensorblende arbeiten.

5. Beim Scharfstellen den Objekttisch mit dem darauf befindlichen Objekt mit dem Grobtrieb immer vom Objekt wegbewegen (sonst besteht bei „langen" Objektiven die Gefahr von Glasbruch).

6. Mikroskoplampe immer nur während des Mikroskopiervorganges eingeschaltet lassen.

7. Zum Erkennen räumlicher Strukturen den Feintrieb leicht bewegen (fokussieren).

8. Kondensorblende auf optimalen Kontrast einstellen, möglichst nie mehr als halb zuziehen.

9. Um Überanstrengungen zu meiden, sollte auch das nicht-mikroskopierende Auge offen gehalten werden und möglichst auf unendlich akkommodiert sein.

10. Von jedem Objekt Skizzen anfertigen und den jeweiligen Maßstab angeben (mit Bleistift zeichnen und die bekannten Strukturen beschriften).

Quellenverzeichnis

Seite	Quelle
72	Aufgabe D02 in Anlehnung an Schulte [1985], S. 124
80	Aufgabe D06 nach Jaenicke [1988], S. 18
38	Tabelle 5 verändert nach Prescott/Flexer [1990], S. 80
78	Tabelle 7 verändert nach Jaenicke [1989], S. 18
82	Tabelle 8 aus Evans/Graham [1991], S. 12
53	EM-Foto: Heinz Jürgen Jacob, Bochum (Hinweis zu der Abb.: Die eingezeichneten Kreise verweisen auf Orte interdigitaler Nekrosezonen (INZ) im Mesenchym des Fußtellers, deren Ausbleiben zur Syndaktylie führt, einer Fehlbildung, bei der die Zehen miteinander verbunden bleiben.)

Literaturverzeichnis

Agre, P.	Aquaporin-Wasserkanäle (Nobel-Vortrag), in: Angewandte Chemie 116/2004, S. 4377–4390
Alberts, B. et al.	Molekularbiologie der Zelle, 4. Auflage, Weinheim 2004
Bauer, E./Bossler, A.	Die Zelle, Berlin 1978
Benjamini, E./ Leskovvitz, S.	Immunologie. Ein Kurzlehrbuch, Stuttgart 1988
Bils, W./Dürr, G.	Übungsaufgaben und Antworten zu Kernthemen des Biologieunterrichts, Heidelberg 1984
Bretscher, M. S.	Die Moleküle der Zellmembran, in: Spektrum der Wissenschaft 12/1985, S. 90-99
Curtis, H.	Biology (2nd Edition), New York 1975
De Duve, C.	Die Zelle. Expedition in die Grundstruktur des Lebens, Heidelberg 1986
Dietle, H.	Das Mikroskop in der Schule, Stuttgart 1975
DIFF (Hrsg.)	Chemie der Zelle, II (Studienbriefe für Biologielehrer), Tübingen 1977
DIFF (Hrsg.)	Immunologie 1, Biologische Grundlagen der Immunantwort, Tübingen 1991
Ding-E Young, J./ Cohn, Z. A.	Wie Killerzellen töten, in: Spektrum der Wissenschaft 3, 1988, S. 86–92
Engelhardt, W.	Was lebt in Tümpel, Bach und Weiher?, Stuttgart 1983
Evans, W. H./ Graham, J. M.	Struktur und Funktion biologischer Membranen, Stuttgart 1991
Fawcett, D. W.	Atlas zur Elektronenmikroskopie der Zelle, München 1973
Flindt, R.	Biologie in Zahlen, Stuttgart 1986
Gassner, G./ Hohmann, B./ Deutschmann, F.	Mikroskopische Untersuchungen pflanzlicher Lebensmittel, Stuttgart 1989
Jaenicke, J./ Knippenberg, A./ Sobke, J.	Zellen, Einzeller und andere Mikroben, Hannover 1982
Jaenicke, J. (Hrsg.)	Materialien zum Kursunterricht Biologie, Teil 3, Köln 1988
Jaenicke, J.	Unterrichtseinheit: Biomembranen, in: Praxis der Naturwissenschaften Biologie 2/1989, S. 13-19
Janeway, C. A./ Travers, P./ Walport, M./ Shlomchik, M.	Immunologie, 5. Auflage, Heidelberg/Berlin 2002
Kaplan, R. W.	Der Ursprung des Lebens, Stuttgart 1978
Karp, G.	Molekulare Zellbiologie, Berlin/Heidelberg 2005
Keeton, W. T.	Biological Science (2nd Edition); New York 1972
Klein, J.	Immunologie, Weinheim, 1991

Literaturverzeichnis

Kleinig, H./Sitte, P.	Zellbiologie. Ein Lehrbuch, Stuttgart/New York 1999
Köhler, G. (Hrsg.)	Immunsystem. Abwehr und Selbsterkennung auf molekularem Niveau, Heidelberg 1987
Leonhardt, H.	Histologie und Zytologie des Menschen, 12. Auflage, Stuttgart 1990
Linder, H.	Biologie, 21. Auflage, Hannover 1998
Miram, W./Scharf, K.-H.	Biologie heute, S II, Hannover 1997
Novikoff, A. B./ Holtzmann E.	Zellen und Organellen, Berlin 1978
Nultsch, W.	Allgemeine Botanik, 11. Auflage, Stuttgart 2001
Nultsch, W./Grahle, A.	Mikroskopisch-Botanisches Praktikum für Anfänger, Stuttgart 1983
Prescott, D. M./ Flexer, A. S.	Krebs, Heidelberg 1990
Roitt, I. M./Brostoff, J./ Male, D. K.	Kurzes Lehrbuch der Immunologie, Stuttgart 1987
Rottländer, E.	Immunabwehr beim Menschen. in: Unterricht Biologie 219, 1996, S. 4–13
Ruppert, W.	Apoptose: Zelltod nach Programm, in: Unterricht Biologie 279/2002, S. 40–45
Scharf, K. H.	Physiologie und Feinstruktur der Zelle, Praxis der Naturwissenschaften Biologie Heft 3/34, Juni 1985, Köln
Scharf, K.-H./Weber, W.	Cytologie, Hannover 1984
Schulte, H.	Bau und Funktion der Zelle, Frankfurt 1985
von Sengbusch, P.	Botanik, Hamburg 1989
Strasburger, E.	Lehrbuch der Botanik, 35. Auflage, Stuttgart 2002
Spektrum der Wissenschaft (Hrsg.)	Das Immunsystem (Spezial 2), Heidelberg o. J.
Staines, N./Brostoff. J./ James, K.	Immunologisches Grundwissen, Stuttgart 1987
Streble, H./Krauter, D.	Das Leben im Wassertropfen, Stuttgart 1976
Stryer, L.	Biochemie, Heidelberg 1990

Lösungen

Teil A

Zellwand, Vakuole, Plastiden.

 Seite 16

In einem Zentrifugengläschen befindet sich ein Dichtegradient, d.h. es enthält eine Flüssigkeit, deren Dichte von oben nach unten zunimmt. Zentrifugiert man z.B. Zellbestandteile über einen längeren Zeitraum bei sehr hohen Umdrehungszahlen, so setzen sich die einzelnen Bestandteile in denjenigen Bereichen ab, die ihrer eigenen Dichte entsprechen. Sie dient dazu, homogene, einheitliche Zellfraktionen zu erhalten, die anschließend biochemisch und/oder elektronenmikroskopisch weiter untersucht werden können und z.B. ausschließlich aus Ribosomen, Zellkernfragmenten etc. bestehen.

 Seite 27

 Seite 27

a) Wurstförmig, von Doppelmembran umgrenzt, innere Membran als Cristae in den Innenraum eingestülpt.
b) Das granuläre ER ist mit Ribosomen besetzt.
c) Gesamtheit der in der Zelle vorhandenen Dictyosomen (von GOLGI entdeckt).
d) Ribosomen bestehen aus zwei unterscheidbaren Untereinheiten.
e) Kommen in tierischen Zellen vor und sind an der Zellteilung beteiligt (organisieren den Spindelfaserapparat); zeigen eine typische T-Struktur aus jeweils 9 x 3 Mikrotubuli.

A04 Seite 27

Zellorganell	Abb.	Funktion
Zellkern	10	Träger der Erbinformation, Steuerung und Regelung der Zellprozesse
Mitochondrien	12	„Kraftwerke" der Zelle, wichtig im Rahmen des Zellstoffwechsels
Chloroplasten	7, 13	nur bei pflanzlichen Zellen, Orte der Fotosynthese
Lysosomen	17	enthalten Enzyme, wichtig bei der intrazellulären Verdauung
Mikrotubuli	18, 19	Röhren aus globulären Eiweißstrukturen; Zellskelett, Bewegungsaufgaben bei der Zellteilung und bei Zellbewegungen
Zellmembran	67, 76	Abgrenzung, semipermeabel, Stofftransport
ER	14	Membran und Kanalsystem (Röhrensystem), Transportsystem; als raues ER an der Eiweißsynthese beteiligt
Dictyosomen	15	dienen der Zellsekretion, an der Zellmembranbildung beteiligt
Ribosomen	14	an der Eiweißsynthese beteiligt
Zellsaftvakuole	7	nur bei pflanzlichen Zellen, Speicher für organische und anorganische Stoffe, wichtig für die osmotischen Eigenschaften der Zelle und ihre Stabilität im Zusammenhang mit der Zellwand

Lösungen Teil A

Seite 27 1 = Zellwand; 2 = Zellkern (Nukleus); 3 = Kernhülle; 4 = Kernkörperchen (Nukleolus); 5 = Kernpore; 6 = Centriolenpaar; 7 = Plastid (Chloroplast); 8 = Mitochondrium; 9 = Tonoplast; 10 = Ribosom; 11 = Vakuole; 12 = glattes ER; 13 = raues ER; 14 = Dictyosom; 15 = Golgi-Vesikel; 16 = Zellmembran

Seite 30 Die Flächenanteile sind:

Abbildung	Mitochondrien	raues ER
β-Zelle der Bauchspeicheldrüse	ca. 5,4 %	ca. 38 %
Belegzelle der Magenwand	ca. 31 %	ca. 2,7 %

Auffallend ist die Häufung von rauem ER in der β-Zelle der Bauchspeicheldrüse, dagegen von Mitochondrien in der Belegzelle der Magenwand. Außerdem ist die Oberfläche der Zellmembran der Belegzelle zur Magenseite hin durch zwei große Einstülpungen und viele kleine Ausstülpungen stark vergrößert.

Nimmt man die Informationen über die Aufgaben der Zellorganellen aus Kapitel A3.2 zu Hilfe, so lassen sich die Funktionen der beiden Zelltypen etwa folgendermaßen formulieren:
- Mitochondrien kommen häufig in Zellen mit stoffwechselaktiven Aufgaben vor; Energiebereitstellung.
- Raues ER mit vielen Ribosomen kommt gehäuft in Zellen mit sekretorischen Aufgaben vor; Proteinbiosynthese.
- Die Oberflächenvergrößerung der Zellmembran deutet auf intensiven Stoffaustausch hin.

Seite 35

Euzyte	Protozyte
• Kernmembran, „echter" Zellkern • deutlich größer	• keine Kernmembran, ringförmiger DNA-Strang, als „Kernäquivalent" • deutlich kleiner, etwa so groß wie die Mitochondrien der Euzyten
• deutliche Strukturierung mittels einer Vielzahl spezifischer Zellorganellen und Membranen	• Strukturierung weniger komplex, außer Membranstrukturen und Ribosomen keine speziellen Zellorganellen

Teil B

2% von 60 Billionen Zellen sind 120 Milliarden Zellen; diese müssen pro Tag neu gebildet werden. 86 400 Sekunden entsprechen einem Tag: 120 Milliarden geteilt durch 86 400 ergibt 1,38 888 Millionen Zellen pro Sekunde.

B01 Seite 36

a) Die Länge des Zellzyklus hängt ausschließlich von der Dauer der G_1-Phase ab. S-, G_2- und M-Phase sind dagegen bei diesen Zelltypen konstant, unabhängig davon, wie lange der Zellzyklus insgesamt dauert.
b) Die Vorgänge in der S-, G_2- und M-Phase scheinen, einmal angeschaltet, nach einem einheitlichen Muster zu verlaufen, das vom jeweiligen Zelltyp unabhängig ist. Dagegen hängt die Länge der G_1-Phase davon ab, wie schnell in diesem Gewebe Zellen erneuert werden müssen.

B02 Seite 38

Sind alle wichtigen Nährstoffe vorhanden, liegt ein entsprechender Wachstumsfaktor und eine zu geringe Zelldichte vor, entsteht ein S-Phase-Aktivator und die S-Phase wird eingeleitet. Ist die DNA verdoppelt, schließt sich die G_2-Phase an. Nach Bildung des M-Phasen-Förderfaktors tritt die Zelle in die Mitosephase ein.

B03 Seite 40

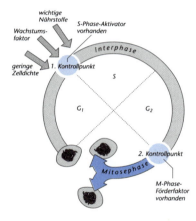

Teil D

Die Membran wölbt sich in den Bereich mit dem reinen Wasser (*vgl. Erklärung zu Abb. 66*): Da sie permeabel für die kleinen Wassermoleküle ist, treten statistisch gesehen pro Zeiteinheit mehr Wassermoleküle von der (rechten) Seite mit dem reinen Wasser in die (linke) Seite mit der Salzlösung über als umgekehrt. Dies führt bei einer elastischen Membran zur Ausdehnung (Wölbung) der Membran, da die vermehrt eingetretenen Wassermoleküle einen zusätzlichen „Raumanspruch" haben.

D01 Seite 72

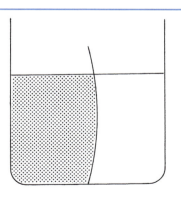

Lösungen Teil D

Seite 72 **D02**

Eine sinnvolle grafische Darstellung ist nur mit **logarithmischem Maßstab** möglich.
Es zeigt sich, dass für den Nahbereich (innerhalb der Zellen und zwischen benachbarten Zellen) die Geschwindigkeit relativ hoch ist und damit als Erklärung für Stoffbewegungen ausreicht. Für den Ferntransport ist die Diffusion jedoch ohne Bedeutung (in einem Tag nur 2,56 cm).

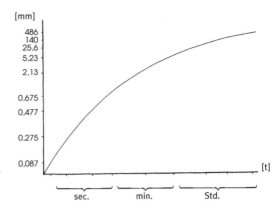

Seite 73 **D03**

Die Frage lässt sich in Form einer Tabelle lösen:

Pfeffer'sche Zelle	Pflanzenzelle
umgebendes Wasser, gefülltes Gefäß	wässriges Milieu außerhalb der Zellmembran
Tonzylinder, Innengefäß	Zellsaftvakuole
Zuckerlösung im Innengefäß	wässrige Lösung in der Vakuole (organische und anorganische gelöste Stoffe)
künstlich hergestellte semipermeable Membran aus Kupfercyanoferrat in der Wand des Tonzylinders	semipermeable Biomembranen, speziell die Zellmembran und die Tonoplastmembran
(hydrostatischer) Druck der Flüssigkeitssäule im Steigrohr	Widerstand der Zellwände

Seite 75 **D04**

Reife Kirschen enthalten einen hochkonzentrierten Zellsaft: Ihr Fruchtzuckergehalt ist sehr hoch. Sommerregen, also reines H_2O, stellt somit eine extrem hypotonische Lösung dar.
Es findet **Osmose** in Form einer Deplasmolyse statt: Wasser diffundiert vermehrt in die Zellen der Kirschen und führt zu einem hohen Druck (Turgor); dies kann zum Platzen und Reißen führen.

Seite 75 **D05**

a) Zunächst findet ein Nettofluss an Wasser von außen nach innen statt, daher Größenzunahme der Zellen, was bis zur Lysis führt; das Außenmedium ist hypotonisch.
Die 5%ige Kochsalzlösung ist hypertonisch, deshalb Nettofluss von innen nach außen. Rote Blutkörperchen nehmen Stechapfelform an, die Zellen sind extrem geschrumpft.
b) Eine Konzentrations-/Verdünnungsreihe (z.B. unterschiedliche Kochsalzkonzentrationen) aufstellen und beobachten, bei welcher Konzentration keine Veränderung stattfindet; der Wert entspricht in etwa der Konzentration in den Zellen.

a) $V_z = \pi \cdot r^2 \cdot h$; $h = \dfrac{V_z}{r^2 \cdot \pi}$; davon sind bekannt:

$\pi = 3{,}14$; $r = 30$ mm; $V_z = 0{,}007$ mm³

$h = \dfrac{0{,}007 \text{ mm}^3}{(30 \text{ mm})^2 \cdot 3{,}14} \cong 2{,}5 \cdot 10^{-6}$ mm $= 2{,}5$ nm

D06 Seite 80

b) $F_{\text{Lipidschicht}} = \pi \cdot r^2 = 3{,}14 \cdot 900 \text{ mm}^2 = 2826 \text{ mm}^2$

$\cong 3000 \text{ mm}^2$

$F_{\text{Membran}} = 145 \,\mu\text{m}^2 \cdot 2 \cdot 5{,}2 \cdot 10^6 = 1508 \text{ mm}^2$

$\cong 1500 \text{ mm}^2$

Verhältnis $F_{\text{Lipidschicht}} : F_{\text{Membran}} = \dfrac{3000}{1500} \triangleq 2:1$

c) Da die Fläche der Lipidschicht etwa doppelt so groß ist wie die Fläche der Membranen, muss die Lipidschicht in der Erythrozyten-Membran als **Doppelschicht** vorliegen.

Das destillierte Wasser wirkt als hypotonisches Medium, sodass ein starkes Konzentrationsgefälle für Wasser ins Zellinnere entsteht. Die Kontroll-Eizellen verändern sich aber nicht, da sie nur wenig durchlässig für Wasser sind. Die in die Test-Eizellen injizierte RNA hat bewirkt, dass in den drei Tagen Aquaporin-1-Moleküle hergestellt und in die Zellmembran der Test-Eizellen eingebaut wurden. Wegen der dadurch gesteigerten Durchlässigkeit strömen Wassermoleküle sehr schnell ins Zellinnere, was zum Anschwellen der Test-Eizellen führt, bis sie schließlich unter dem Druckanstieg platzen.

D07 Seite 88

---

a) Die Kurve steigt bei geringen Lösungskonzentrationen schnell an, erreicht aber bald einen Maximalwert, d.h. auch bei weiter zunehmender Lösungskonzentration wird nicht mehr Glukose in die Zellen aufgenommen.
Die Glukosemoleküle gelangen nicht durch einfache Diffusion in die Erythrozyten, sondern durch **Carrierproteine**, die auf Glukose spezialisiert sind. Wenn alle Carriermoleküle ausgelastet sind, ist die maximale Transportgeschwindigkeit erreicht. Auch eine weitere Steigerung des Konzentrationsunterschiedes kann die Transportgeschwindigkeit nicht erhöhen.
Die Kurve verläuft dann parallel zur Konzentrationsachse.

D08 Seite 89

b) Eine Gerade würde bedeuten, dass die Glukosekonzentration in den Erythrozyten linear zur Umgebungskonzentration zunimmt. Das ist aber bei Carrier-Transport nicht möglich, weil die Transportproteine nicht beliebig schnell Glukose durch die Membran schleusen.

Transmembran-Proteine sind durch eine Region hydrophober Aminosäuren in der Lipiddoppelschicht verankert. Dadurch sind Bewegungen nur in der Ebene der Membran möglich.

D09 Seite 90

Lösungen Teil D + E + F

Seite 97
a) Der Transportmechanismus ist die **rezeptorvermittelte Endozytose**.
b) Da die Endozytose rezeptorvermittelt ist, müssen die Viren auf ihrer Oberfläche ein Gegenstück besitzen, das zum Rezeptorprotein passt wie der Schlüssel zu seinem Schloss.
c) Da die Viren einen ganz normalen zellulären Transportweg benutzen, um in eine Zelle einzudringen, ist es schwierig, sie daran zu hindern. Denn dieser Transportweg dient ja der Zelle zur Versorgung mit lebenswichtigen Stoffen. Würde man ihn blockieren, ginge die Zelle zwar nicht an den Viren, aber vielleicht an Nährstoffmangel zugrunde.

Teil E

Seite 100
Der Konzentrationsunterschied zwischen Zytoplasma und dem umgebenden/salzhaltigen Meerwasser ist deutlich geringer als bei Einzellern, die im Süßwasser leben. Es kommt daher kaum zu osmotischen Vorgängen.

Teil F

Seite 108
Nach der Instruktionstheorie wird die passende Faltung der Aminosäurenkette eines Antigenrezeptors während des Kontaktes mit dem Antigen gesteuert. Die Raumstruktur jedes Proteins ist aber durch seine Aminosäurensequenz determiniert. Diese Sequenz ist genetisch festgelegt und damit auch die Raumstruktur jedes Antigenrezeptors.

Seite 109
Um den Antikörper, den die B-Zelle als Rezeptor trägt, in großen Mengen herstellen zu können, müssen viele Ribosomen entstehen, an denen die Proteinbiosynthese stattfindet. Außerdem müssen die hergestellten Antikörper aus der Zelle ins Blut transportiert werden. Daran ist das ER beteiligt.

Seite 111
Das Immunsystem wird mit einer geringen Menge der infrage kommenden Erreger konfrontiert und setzt eine Immunreaktion in Gang. Als Ergebnis der klonalen Expansion wird ein immunologisches Gedächtnis aufgebaut, dessen antigenspezifische Zellen bei einer natürlichen Infektion mit demselben Erreger sehr schnell aktiviert werden können.

Seite 112
An die Enzyme. Deren Spezifität beruht auf der räumlichen Struktur und der chemischen Zusammensetzung des aktiven Zentrums.

Seite 116
Die 5 Antikörperklassen unterscheiden sich durch verschiedene Typen in den konstanten Abschnitten der schweren Ketten: α, β, γ, δ und μ. Da beim Zusammenbau einer Antikörperkette 2 Gene für den variablen Abschnitt mit 1 Gen für den konstanten Abschnitt kombiniert werden, muss es 5 verschiedene C-Gene geben. Wird ein bestimmter Antikörpertyp benötigt, z.B. ein IgM-Antikörper, wird das entsprechende Cμ-Gen mit den V- und J-Genen kombiniert.

Seite 119
T-Killer-Zellen arbeiten antigenspezifisch. Durch ihre spezifischen Rezeptoren reagieren sie auf Antigene, die ihnen von MHC-I-Proteinen präsentiert werden. Natürliche Killer-Zellen arbeiten dagegen unspezifisch. Woran sie virusinfizierte Zellen erkennen, ist unklar. Sie werden durch Interferon angelockt.

Obwohl B-Zellen nicht im Thymus heranreifen, erfolgt ihre Vermehrung und Differenzierung nur mithilfe von Botenstoffen, die vor allem von den T-Helfer-Zellen produziert werden. Fehlt bei Neugeborenen eine funktionierende Thymusdrüse, reifen diese T-Zellen nicht heran. Damit fehlen auch die Botenstoffe zur Vermehrung der B-Zellen.

Durch die autokrine Stimulation wird die Anzahl der antigenspezifischen T-Helfer-Zellen zusätzlich erhöht, wodurch noch mehr IL 2 freigesetzt wird und so fort. Ein seltenes Beispiel einer Verstärkung durch positive Rückkopplung.

Dadurch werden den T-Helfer-Zellen noch mehr Antigenfragmente zusammen mit MHC-II-Proteinen präsentiert; ein weiterer Mechanismus zur Verstärkung der Immunreaktion.

Teil G

Die Elastizität der Linse nimmt mit dem Alter stark ab, dadurch krümmt sie sich nicht mehr genügend. Mit einer Brille, die im Prinzip konvexe Gläser hat und ähnlich wie eine Lupe wirkt, lässt sich die Fehlsichtigkeit beheben.

Mikroskop	Fotoapparat
Objektiv	Objektiv
Okular	Suchereinblick
Tubus und Stativ	Kameragehäuse
Grob- und Feintrieb	Entfernungseinstellung
Kondensorblende	Objektivblende

Objektiv 1: $d_1 = 7{,}857$ µm;
Objektiv 2: $d_2 = 4{,}583$ µm;
Objektiv 3: $d_3 = 2{,}75$ µm;
Objektiv 4: $d_4 = 0{,}44$ µm;

$d_{min} = nm/n.A.$ 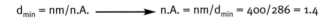 $n.A. = nm/d_{min} = 400/286 = 1.4$

Glossar

agglutinieren	von lat. agglutinare = anheften; Bezeichnung für die durch Antikörper hervorgerufene Verklumpung von Zellen oder Partikeln (Viren)
Akkomodationsfähigkeit	von lat. accomodare = angleichen
Allel	von gr. allelos = gegenseitig, zueinander gehörig; Bezeichnung für die unterschiedliche Ausprägung homologer Gene
Antigen	von gr. anti = gegen und gr. gennan = erzeugen, hervorbringen; Substanz, die die Herstellung von → Antikörpern induziert
Antikörper	Proteine (Immunglobuline), die als Antwort des Immunsystems auf fremde Partikel (Krankheitserreger, Allergene, Krebszellen, Selbst-Antigene) gebildet werden
Apoptose	kontrolliertes Absterben von Zellen
Aquaporine	Membranproteine, die einen Kanal bilden, der nur für Wasser durchlässig ist
Autophagozytose	von gr. autos = selbst; gr. phagein = verzehren; gr. kytos = Höhlung, Wölbung, Gefäß, Zelle
bikonkav	von lat. bis = zweimal; lat. cavus = hohl, nach innen gewölbt; „Eselsbrücke": engl. cave = Höhle
Chemotaxis	von gr. taxis = (An)ordnung; gerichtete Orientierung frei beweglicher Organismen nach chemischen Reizen
Chloroplast	von gr. chloros = gelblichgrün; gr. plassein = formen, bilden
Chromoplast	von gr. chroma = Farbe; gr. plassein = formen, bilden
Chromosomen	von gr. chroma = Farbe; gr. soma = Körper, Gestalt
Cristae	von lat. crista = Helmbusch, (bei Tieren) Kamm
Zytose	von gr. kytos = Höhlung, Bauch, Gefäß
Diffusion	von lat. diffundere, (diffusum) = ausbreiten, auseinanderfließen, sich verbreiten
DNA	international übliche Bezeichnung für Desoxyribonukleinsäure; der Buchstabe A steht für das engl. Wort acid = Säure
Effektorzellen	von lat. effectus = hervorbringen; Bezeichnung für Zellen des Immunsystems, die unmittelbar die Abwehr von Krankheitserregern bewirken (z. B. Plasmazellen, T-Killer-Zellen)
Elimination	von lat. eliminare = über die Schwelle setzen, entfernen
Endozytose	von gr. endon = innen, innerhalb; gr. kytos = Höhlung, Wölbung, Gefäß, Zelle
Endoplasmatisches Retikulum	von gr. endon = innen; lat. reticulum = kleines Netz

Glossar

Enzyme	von gr. en = in; zyme = Sauerteig; organische Verbindungen in lebenden Zellen, die Stoffwechselprozesse steuern und regeln
Eukaryoten	von gr. eu = gut, wohl; karyon = Nuss; alle Lebewesen, deren Zellen Zellkerne besitzen, die von einer Kernmembran umhüllt sind; vgl. Prokaryoten
Exozytose	von gr. exo = außerhalb, außen; gr. kytos = Höhlung, Wölbung, Gefäß
Genom	von lat. genos = Abstammung; Bezeichnung für die Gesamtheit aller Erbanlagen (Gene) eines Organismus
Glykolipide	von gr. glykys = süß; lipos = Fett
Granula	von lat. granulum = Körnchen; Bezeichnung für Zelleinschlüsse, die im Lichtmikroskop körnchenähnlich erscheinen
Granulozyten	von lat. granulum und gr. kytos = Höhlung
homogenisieren	hier: Zellgewebe aus nicht mischbaren Bestandteilen zerkleinern und damit mischen; von gr. homos = gleich, gemeinsam; lat. gignere (genitum) = erzeugen, hervorbringen; gr. gignomai = entstehen; homogen = bildungssprachlich für gleichmäßig, einheitlich
humoral	von lat. humor = Flüssigkeit, Feuchtigkeit
hypertonisch	von gr. hyper = über, oberhalb; gr. tonos = Spannung, Druck; vgl. hypotonisch
hypotonisch	von gr. hypo = unter; gr. tonos = Spannung, Druck; vgl. hypertonisch
Immunglobuline	von lat. immunis = frei, rein, lat. globulus = Kügelchen; Sammelbezeichnung für alle Antikörper (Abteilung: Ig)
integral	von lat. integrare = wiederherstellen, wieder einrenken; „ein Ganzes ausmachend, für sich bestehend"; hier im Sinne von „ als Ganzes eingebettet in ..."
Klon	von gr. klon = Zweig, Sprössling; Bezeichnung für genetisch identische Zellen oder Organismen
Kompartimentierung	Unterteilung in einzelne Bereiche, Felder; von lat. pars, partis = Teil, Stück; frz. compartiment = Abteilung
konkav	von lat. cavus = hohl, nach innen gewölbt; „Eselsbrücke": engl. cave = Höhle; Gegenteil konvex
kontraktil	von lat. contrahere (contractum) = zusammenziehen
Kutikula	lat. cuticula = Häutchen; dieser Überzug ist wasserundurchlässig und dadurch verdunstungshemmend; er besteht aus der wachsartigen Substanz Cutin
Leukozyten	von gr. leukos = hell/weiß; Bezeichnung für die weißen Blutzellen
Leukoplast	von gr. leukos = klar, weiß; gr. plassein = formen, bilden
Lymphozyten	von lat. lympha = klares Wasser; Bezeichnung für eine Untergruppe der weißen Blutkörperchen (Leukozyten); sie gelangen hauptsächlich über die Lymphgefäße ins Blut

Glossar

Lysosom	von gr. lysis; Bezeichnung für Zellorganellen, die auflösende Enzyme enthalten
lytisch	von gr. lyein = lösen
Makromoleküle	von gr. makros = groß; Riesenmoleküle
Makrophage	von gr. phagein = essen, fressen, verzehren; gr. makros = groß
Mikrotrabekel	von gr. mikros = klein; lat. trabecula = Bälkchen
Mikrotubulus	von gr. mikros = klein; lat. tubulus = Röhre
Mitochondrium	von gr. mitos = Schnur, Faden; gr. chondros = Korn
Mitose	von gr. mitos = Schnur, Faden
Nekrose	Absterben von Zellen aufgrund äußerer Einflüsse
Okular	von lat. ocularis = zu den Augen gehörend
Opsonisierung	von gr. opson = Fleisch, Leckerbissen; Bezeichnung für die Anlagerung von Bestandteilen des Blutplasmas an Antigene, wodurch deren Entfernung durch → Phagozytose erleichtert wird
Osmose	von gr. osmos = Stoß
oszillieren	lat. oscillare = schwingen, schwanken, pendeln
pathogen	von gr. pathos = Schmerz, Leiden und gennan = erzeugen
peripher	von gr. peripherein = herumtragen, umherschweifen; bildungssprachlich „für am Rande befindlich"
Permeabilität	von lat. permeabilis = durchdringbar, durchlässig, gangbar
Phagozytose	von gr. phagein = verzehren; gr. kytos = Höhlung, Wölbung, Gefäß, Zelle
Phobie	von gr. phobos = Furcht; krankhafte Angst
Pinozytose	von gr. pinein = trinken, (ein-)saugen; gr. kytos = Höhlung, Wölbung, Gefäß
pluripotent	von lat. pluris = viele, mehr und lat. potentia = Kraft, Fähigkeit; Bezeichnung für unspezialisierte Zellen, aus denen durch Zellteilung verschieden spezialisierte Zellen hervorgehen können
Prokaryoten	von lat. pro = vor, an Stelle von; lat. karyon = Nuss; Organismen, deren Zellkerne nicht von einer Kernmembran umschlossen sind; vgl. Eukaryonten
Pyrogen	von gr. pyr = Feuer, Hitze und gr. gennan = erzeugen, hervorbringen
Rekombination	von lat. re = zurück, wieder und lat. combinare = verbinden; Bezeichnung für die Entstehung neuer Genkombinationen aus genetisch verschiedenen → Genomen
Resistenz	von lat. resistere = widerstehen
Restriktion	von lat. restrictus = Beschränkung

Glossar

Selektion, selektieren	von lat. selectio = Auswahl, Auslese; Bezeichnung für die Auslese bestimmter Genotypen einer Population
semipermeabel	von lat. semi = halb; lat. permeabilis = durchlässig, gangbar
Suppressor-Zellen	von lat. supprimere = unterdrücken
symbio(n)tisch	von gr. = zusammenleben
Telophase	von gr. telos = Ende, Ziel; gr. phasis = Anzeige
Toleranz	von lat. tolerare = ertragen, erdulden
Zelle	von lat. cella = enger Wohnraum, Kammer
Zygote	von gr. zygoo = zusammenjochen, durch ein Joch verbunden; die Verbindung zweier haploider Chromosomensätze bei der Befruchtung

Register

A
Aberrationen 130
α-Helix 63
Agglutinierung 114
Aminosäuren 60f., 88, 92
Aminosäuresequenz 63
Anaphase 44
Antigene 107f., 111ff., 120ff.
Antikörper 108f., 111ff.
Apoptose 51ff.
Aquaporine 87
Archaebakterien 35
Archaen 35
Assimilationsparenchym 49
Autophagozytose 22

B
β-Faltblatt 63f.
Bakterien 34f., 107f., 119, 124f.
Biomembran 34, 66ff., 75
  - Aufbau 77f.
  - fluid-mosaic-Modell 84f.
  - Recycling 95
  - Sandwich-Modell 83
  - Transportmechanismen 87
  - Zusammensetzung 78
B-Zellen 107ff., 121ff.

C
Caspasen 52f.
Centriol 25, 27
Centromer 42, 46
Centrosom 25, 42, 46
Chloroplasten 13f., 20, 78
Cholesterin 60, 81
Chromatiden 42
Chromatin, -gerüst 18, 40f., 44
Chromosomen 37, 41, 44f.
Chromosomenbewegung 45f.
Chromosomentrennung 47f.
Chromosomenzyklus 37
Ciliaten 99
Cisternen 21f.
Cristae 19
Cyanobakterien 35, 37
Zytokinese 37, 41, 44f.
Zytoplasma 37, 85, 95f.

D
Deplasmolyse 74f., 77
Dictyosomen 21f., 27
Diffusion 66f., 70, 72
DNA 18, 34, 37, 52ff., 115f.

E
Einheitsmembran 66, 78
Einzeller 94, 98ff.
Elektronenmikroskop(ie) 10, 133ff.
Elektronenmikroskopische Aufnahmen
  - ausdifferenzierte Pflanzenzelle 17
  - β-Zelle (Bauchspeicheldrüse) 31
  - Dünndarm-Epithelzelle 91
  - junge Pflanzenzelle 17
  - Belegzelle (Magen) 32
  - Leberzelle 18
  - Virusinfektion 97
Endozytose 94ff.
  - rezeptorvermittelt 96f.
endoplasmatisches
  Retikulum (ER) 18ff., 30f., 95
  - agranuläres/glattes 20
  - granuläres/raues 20
Enzyme 21f., 26, 44, 52, 94, 104
Entzündung 51, 104f.
Epidermis 49, 73
Epithel, Epithelzelle 50, 90ff.
Epitop 114
Euzyte 34
Eukaryoten 19, 34f.
Exozytose 95f., 100, 106

F
Fettsäuren 59f., 79
Fieber 105
Flagellaten 99
Fotosynthese 13, 20
Fruktose 57f.
Furchung 44

G
G_1-Phase 54
G_2-Phase 54
Gen 114ff.
Glukose 57f., 89, 92
Glykogen 58
Glykolipide 82

Glykoproteine 82
GOLGI-Apparat 9, 21, 27, 44
GOLGI-Vesikel 21
Grana 20
Granulozyten 103f.
Grenzplasmolyse 73

H

Hautkrebs 54
Homogenisation 23
hydrophil 76ff., 88
hydrophob 65, 78f., 85
hypertonisch 73
hypotonisch 77

I

Immunität 102ff.
Immunreaktion 104ff., 118ff., 123
Immunsystem 102ff.
Impfstoff 111
Instruktionstheorie 108
Interphase 37f.

K

Karyoplasma 18
Killer-Zellen 105, 119f.
Kinetochor 46f.
klonale Selektion 107f.
Kohlenhydrate 78
Kompartimentierung 26, 70f., 75
Kriterien des Lebens 98ff.
Kutikula 49f.

L

Leukozyten 103
Lichtmikroskop(-ie) 16, 128ff.
Lipiddoppelschicht 78, 85, 88, 93
Lipide 60, 78, 81,
lipophil 76
Lymphozyten 103ff., 107ff.
Lysosomen 21ff., 94, 104

M

M-Phase (Mitose-Phase) 40, 46, 54
M-Phase-Förderfaktor 40
Makrophage 94f., 103, 105f., 120, 122
Membran s. Biomembran

Membranproteine 59f., 74, 82f. 87, 90
 - Carrierprotein 88f., 92ff.
 - Kanalprotein 93
Metaphase 44, 47
Mikroskop 9, 128ff.
Mikrotrabekel-Gitter 25f.
Mikrotubuli 24f., 42, 44ff.
Mikrozotten 91
Mitochondrien 9, 18f., 27, 30, 33, 52
Mitose 37, 40ff.
Mitosephasen 37
Mitosespindel 42, 46
Monozyten 103
Monosaccharide 57
Murein 34
Mykoplasmen 28

N

Natrium-Kalium-Pumpe 86
Nekrose 51f.
neutrophil 104
Nukleinsäure 57
Nukleolus, Nukleoli 9, 17, 19
Nukleus 9, 17

O

Oligosaccharide 58
Osmose 66f., 70f., 74

P

Palisadenparenchym 49
Parenchym 49
Perforin 106
Permeabilität 66
PFEFFERsche Zelle 71f.
Phagozytose 94, 97, 100, 104f.
Phospholipide 60, 79ff.
Pinozytose 94, 100
Plasmazelle 109, 123
Plasmolyse 73ff., 77
Plasmide 34
Plastide 13f.
Polysaccharide 58
Polysom 21
Prokaryoten 34
Prometaphase 42
Prophase 42
Proteine 60ff., 78, 84f., 90, 106

Protozyte 34f.
Protoplasma, Protoplasten 66, 74
Pyrogene 105

R
Resistenz 102, 104
Rezeptorproteine 95f.
Rhizopoden 98f.
Ribosomen 21f., 27, 33, 65
RNA 21, 88

S
S-Phase (Synthesephase) 40, 54
S-Phase-Aktivator 40
Saccharose 58
Schwammparenchym 49
selektive Permeabilität 86
Semipermeabilität 66f., 71, 77
Sklerenchym 50
Speicherparenchym 49
Spindelfaseransatzstelle 42
Spindelfaserapparat 46
Spindelpol 42
Steroide 60
Stoffwechsel 100, 112
Struktur-Funktions-Aspekt 29ff., 83
Symbionten 34

T
Telophase 44
Thylakoide 20
Thymusdrüse 107
Tonoplast 14
Transportmechanismen 85f.
   - Carrier-Transport 90f.
   - Co-Transport 86
Triglyceride 60
Tubulin-Moleküle 24
T-Zellen 107, 117f., 120ff.

U
Ultrazentrifugation 23

V
Vakuole 74, 94, 98, 100
Vermehrung 54, 100
Vesikel 81, 94
Virus 97, 105ff., 119, 125

W
Wachstum 100
Wachstumsfaktoren 120, 123
Wasserstoffbrücken 64

Z
Zellalterung 40
Zellbewegung 24
Zelldichte 39
Zelldifferenzierung 48ff.
Zelle
   - als osmotisches System 73
   - chemische Zusammensetzung 56ff.
   - dendritische 105
   - Dreidimensionalität 15ff.
   - im Elektronenmikroskop 16f.
   - Kompartimentierung 26
   - Oberflächenvergrößerung 26
   - pflanzliche 17f., 49f.
   - tierische 17f.
Zellformen 48f.
Zellkern (s. a. Nukleus) 11ff., 18f., 27, 34f.,
Zellmembran 12ff., 22, 27, 34f., 66, 72, 80, 85, 94
Zellorganellen 10, 18f., 30, 48
Zellplasma 12ff., 74
Zellsaftvakuole 11
Zellskelett 25f.
Zellstoffwechsel 22
Zellteilung 9, 36f.
Zelltheorie 9
Zelltod, programmierter 51ff.
Zellwachstum 37, 39
Zellwand 9ff., 34f., 45, 66, 74
Zellzyklus 36ff., 39ff., 50, 55
   - Dauer 38f.
   - Phasen 38f.
Zucker 57ff.
Zuckermantel 82
Zygote 36, 48

Weitere mentor Abiturhilfen Biologie

Band 692: Genetik · Steuerung und Vererbung von Merkmalen und Eigenschaften
Klassische Genetik – Chromosomen und Vererbung – Humangenetik – Genetik der Bakterien und Viren – Molekulargenetik – Gen- und Reproduktionstechnik

Band 693: Nerven, Sinne, Hormone · Grundlagen
Nervensystem – Sinne – Hormone – Gehirn und Verhalten

Band 694: Verhalten · Methoden, Mechanismen und Ursachen
Was ist Verhalten? – Methoden der Verhaltensforschung – Vorwiegend erbbedingte Verhaltensweisen – Lernen: erfahrensbedingte Änderungen von Verhaltensweisen – Soziobiologie

Band 695: Evolution · Ursachen und Mechanismen der Entwicklung der Lebewesen
Die Entstehung des Lebens auf der Erde – Ursachen und Mechanismen der Evolution – Die Stammesgeschichte der Organismen – Die Evolution des Menschen

Band 696: Ökologie
Abhängigkeit der Lebewesen von abiotischen und biotischen Faktoren – Eigenschaften natürlicher Populationen – Ökosysteme – Eingriffe des Menschen in Ökosysteme – Umwelt und Naturschutz

Band 697: Stoffwechsel
Abbauende Stoffwechselprozesse – Aufbauende Stoffwechselprozesse – Ernährung des Menschen

---

Außerdem bei mentor erschienen:
Band 11: Grundwissen Biologie

Büffel(n) ist out!

mentor liefert das Wissen, das dir noch fehlt

- **mentor Lern- und Abiturhilfen**
  Selbsthilfe statt Nachhilfe für alle wichtigen Fächer von der 5. Klasse bis zum Abitur
  (Fächer: Deutsch, Englisch, Französisch, Latein, Mathematik, Biologie, Chemie, Physik)

- **mentor training XXL**
  Regeln – Übungen – Lösungen
  Die wichtigsten Themen der Fächer Deutsch, Englisch und Mathematik jeweils in einem Band. Für die Klassen 5 – 10

- **Lernen leicht gemacht**
  Clevere Tipps für mehr Erfolg in allen Fächern – speziell für die einzelnen Altersstufen

Infos, Lerntipps & mehr
www.mentor.de

mentor
Eine Klasse besser.